Adam Phillips
und Barbara Taylor

Freundlichkeit

Diskrete Anmerkungen zu einer unzeitgemäßen Tugend

Aus dem Englischen übersetzt
von Susanne Held

Klett-Cotta

Klett-Cotta
www.klett-cotta.de
Die Originalausgabe erschien unter dem Titel
»On Kindness« im Verlag Hamish Hamilton/
Penguin Group, London
© 2010 by Adam Phillips and Barbara Taylor
Für die deutsche Ausgabe
© 2010 by J. G. Cotta'sche Buchhandlung
Nachfolger GmbH, gegr. 1659, Stuttgart
Alle deutschsprachigen Rechte vorbehalten
Printed in Germany
Schutzumschlag: www.buero-jorge-schmidt.de
Unter Verwendung einer Illustration
von Bernd Wiedemann
Gesetzt aus der Lyon von
r&p digitale medien, Echterdingen
Auf säure- und holzfreiem Werkdruckpapier gedruckt
und gebunden von CPI - Clausen & Bosse, Leck
ISBN 978-3-608-94609-3

Inhalt

Kapitel 1
Warum ist Freundlichkeit so suspekt?
7

Kapitel 2
Eine kurze Geschichte der Freundlichkeit
26

Kapitel 3
Das Wirkungsfeld der Freundlichkeit
72

Kapitel 4
Der Freundlichkeitstrieb
101

Kapitel 5
Zeitgemäße Freundlichkeit
135

Dank
164

Kapitel 1

Warum ist Freundlichkeit so suspekt?

Freundlichkeit – oder genauer ihr Fehlen – entpuppt sich als Lieblingsthema der Medien. Selbsternannte Kenner der Branche beklagen zwar den Egoismus unserer Zeit, aber zugleich berichten regelmäßig großflächig aufgemachte Artikel über Fälle wie beispielsweise den eines vermögenden Börsenmaklers, der – auf dem Höhepunkt seiner Karriere – sich der Idee verschrieb, ehrenamtlich seine freien Wochenenden mit Kindern aus sozial schwachen Schichten zu verbringen: »Diesen Kindern zu helfen«, gab er seine Gefühle euphorisch wieder, »macht mich überglücklich. Ich fühle mich wie neugeboren.«

Variiert klingt dieses Erstaunen auch in den Schlagzeilen zur Frage »Was macht einen Menschen glücklich?« an, eine Frage, die akademisch untersucht wurde und ergab, Freundlichkeit rangiere auf der Glücksskala entschieden höher als selbstbezogenes Verhalten.

Ein Experiment des amerikanischen Psychologen Martin Seligman – Verfasser des Buches *Der Glücks-*

Faktor: Warum Optimisten länger leben - wurde kürzlich bekannt. Gemeinsam mit einer Gruppe Studenten ging er der Frage nach, was für den Einzelnen genussvoller ist: Philanthropie oder Fun, Menschenliebe oder oberflächliche Unterhaltung. »Und jetzt raten Sie mal, was den Studenten den größeren Kick gegeben hat!«, frotzelte der Journalist. »Ich kenne diesen Kick, ich spüre ihn jedes Mal, wenn ich jemanden auf ein Bier einlade ...«

Wenn wir solche Geschichten lesen, fragen wir uns unwillkürlich: Woher dieses unverhohlene Staunen über so selbstverständliche und grundlegende Erkenntnisse? Warum überrascht es uns maßlos, dass es Freude macht, freundlich zu sein? Warum schwingt in Geschichten über Zuvorkommenheit häufig ein so vernehmlich ironischer Unterton mit? Und schließlich, warum mokiert man sich derart herablassend über die Dinge, die für die meisten Menschen wirklich wichtig und wesentlich sind?

Schon sehr früh in der Geschichte war das Hochgefühl, das Güte auslöst, wohlbekannt. »Die höchste Wonne« der Menschen sei das Wohlwollen, führt Mark Aurel, römischer Kaiser und Philosoph, aus. Jahrhundertelang brachten Denker und Schriftsteller diese Erkenntnis immer wieder ganz unterschiedlich und überraschend neu zum Ausdruck. Wir Spätmodernen hingegen halten diese Einsichten, wenn nicht für unglaubwürdig, so doch zumindest für suspekt, hat sich doch anscheinend im Laufe der Geschichte die Vorstellung eines menschlichen Selbst entwickelt, das jede natürliche Großzügigkeit völlig vermissen lässt. Offenkundig gehen mittlerweile viele unter uns davon aus, sie selbst und ihre Mitmenschen seien im tiefsten Inneren ver-rückt, bösartig und bei näherer Tuchfühlung mit äußerster Vorsicht zu genießen. Überdies stünden wir als Angehörige der Spezies Mensch – in markantem Unterschied zu allen anderen Lebewesen – wesensmäßig einander dermaßen konträr gegenüber, dass unsere eigentlichen Beweggründe unverkennbar egoistisch sind und unsere vermeintlichen Sympathien nur unseren Selbstschutz zu kaschieren suchen.

Wie und warum es dazu kam, dies wollen wir in diesem Buch erklären. Wir Menschen tendieren nämlich durchaus zu einem aufgeschlossenen, freundlichen Leben – einem Leben, das davon geprägt ist, uns instinktiv, mitfühlend mit den Verletzlichkeiten und Vorlieben unserer Mitmenschen zu identifizieren. Dieser Neigung folgen wir in der Tat recht häufig, ohne uns jedoch darüber im Klaren zu sein. Insgeheim führen viele ein von Liebenswürdigkeit geprägtes Leben. Es mangelt ihnen zwar hierfür an sprachlichem Einfühlungsvermögen, aber sie finden sich dennoch in den gängigen kulturellen Strömungen der Unfreundlichkeit nicht wieder.

Wirken wir unseren Sympathien gemäß – so die verbreitete Meinung –, dann schwächt oder überwältigt diese Contenance der Gefälligkeit unser Ich, wenn wir handeln. Liebenswürdigkeit muss folglich einem erfolgreichen Leben geradezu abträglich sein - so jedenfalls unsere beständige Überzeugung. Eine optimale Lebensführung scheint also das Opfer unserer edelsten Antriebe zu verlangen. Wie aber konnte diese allgemein selbstverständliche Meinung aufkommen? Und warum glauben wir, es gäbe größere Wonnen als die Freundlichkeit?

Genau das wollen wir in unserem Buch darlegen - und davon sind wir überzeugt: dass nämlich nicht Sex, nicht Gewalt, nicht Geld unsere unterdrückten Leidenschaften sind, sondern *Freundlichkeit* und im weiteren Sinne: Empathie und Sympathie, Entgegenkommen und Zuvorkommenheit, Güte und Liebenswürdigkeit, Mitgefühl und Mitleid sowie humane Gesinnung, Milde und Innigkeit, Wohlwollen, Großzügigkeit und Altruismus, ja selbst Höflichkeit. Was sagt uns das über moderne Gesellschaften, in denen Freundlichkeit als Gefahr erachtet wird?

Natürlich birgt Freundlichkeit ein gewisses Moment der Gefährdung, beruht sie doch darauf, für Andere empfänglich zu sein, auf der Fähigkeit also, sich mit den Freuden und Leiden der Mitmenschen zu identifizieren. Es kann bisweilen ausgesprochen unbequem sein, sich, wie es die Redewendung vermittelt, die Schuhe eines Anderen anzuziehen oder in die Haut eines Anderen zu schlüpfen, sich also in das Gegenüber hineinzuversetzen. Auch wenn die Freuden der Herzlichkeit - was im Übrigen für alle echten menschlichen Freuden gilt – im Innersten mit einem hohen Risiko behaftet sind, gehören sie doch andererseits auch zum Befriedigendsten, was wir kennen.

Wie konnte es dazu kommen, dass sie derart als Schwäche abgewertet wurde? Schon im Jahr 1741 verlor David Hume die Geduld, als er von einer zeitgenössischen philosophischen Strömung erfuhr, die den unheilbaren Egoismus des Menschen auch noch propagierte. Hume erklärte, jeder Mensch, der so töricht sei, die Existenz menschlicher Freundlichkeit zu leugnen, habe schlicht »die Bewegungen seines Herzens vergessen«, könne mithin nicht mehr spüren, dass und wie seine wirklichen Gefühle ihn berühren. Wie kann es dazu kommen, dass offensichtlich so viele Menschen die Bedeutung der mitmenschlichen Zuwendung und die tiefe Befriedigung, die mit ihr einhergeht, aus dem Auge verlieren?

Auf diese Frage wollen wir – eine Historikerin und ein Psychoanalytiker – in diesem Buch antworten. Die verhängnisvollen Folgen mangelnder Zuneigung sowie, von einem historischen Standpunkt aus, die Besonderheit des modernen Verhältnisses zum Phänomen Freundlichkeit werden dabei ausführlicher zur Sprache kommen. In nahezu der gesamten Menschheitsgeschichte, bis hin zur Zeit David Humes, dem sogenannten Anbruch der Moderne und darüber hinaus, galt es als selbstverständlich, sich selbst Freundlichkeit zuzuschreiben. Wann und aus welchen Gründen hat sich dieses Bewusstsein verflüchtigt? Welche Konsequenzen zog das Verschwinden zwischenmenschlicher Zuneigung nach sich? Sobald wir nämlich aufhören, freundlich zu denken und keinen gesteigerten Wert mehr auf unsere Handlungen zu legen, die der Herzlichkeit und Liebenswürdigkeit entspringen, berauben wir uns damit eines Vergnügens, das wir doch eigentlich für unser inneres Wohlbefinden gar nicht missen können. »Wir gehören zueinander«, meint der Philosoph Alan Ryan, und ein Leben, das man mit Recht ein gutes Leben nennen kann, »reflektiert diese Wahrheit«, die uns entglitten ist. Unabhängigkeit und Selbständigkeit bezeichnen unsere großen Ziele. »Zusammengehörigkeit« oder Solidarität werden verschämt bei Seite getan und gehören zu den eklatanten Tabus unserer Gesellschaft. Warum eigentlich?

Um diese Frage zu beantworten, werfen wir zunächst einen Blick auf die Vorstellungen von Freundlichkeit seit der klassischen Antike. Die ursprüngliche Bedeutung von Freundlichkeit *(kindness)* als Verwandtschaft *(kinship)* oder Gleichheit, oder auch Freund[1] wie im Deutschen, hat sich im Laufe der Zeit zu einem Bedeutungsspektrum erweitert, das Gefühle und Haltungen wie Sympathie, Großzügigkeit, Altruismus, Wohlwollen, humane Gesinnung, Mitgefühl, Mitleid und Empathie umfasst. In der Antike wurde der Gehalt mittels anderer Begriffe, vor allem *philanthropia* (Menschenliebe) und *caritas* (Nächstenliebe, Bruderliebe), ausgedrückt. Die genauen Begriffsbedeutungen variieren – letztlich bezeichnen sie aber alle das, was im viktorianischen Zeitalter »Offenherzigkeit« genannt wurde: die von Mitgefühl getragene Einbeziehung der Mitmenschen, die Berührung und Verbindung des eigenen Selbst mit dem Selbst der Anderen.

»Nicht weniger willkürlich und allgemein verbreitet als die Entfremdung zwischen den Menschen ist der Wunsch, diese Entfremdung zu durchbrechen«, notierte Theodor W. Adorno. Unsere Entfremdung von den Mitmenschen, der Abstand zwischen ihnen und uns verleiht uns zwar ein Sicherheitsgefühl, doch ist es freudlos, bekümmert, trauerbeladen, weil Einsamkeit offenbar die unvermeidliche Folge der Sorge um die eigene Person ist.

Die Geschichte zeigt uns die vielfältigen Formen, in denen sich der Wunsch des Menschen, verbunden zu sein, ausdrückte: vom klassisch-antiken Lobpreis der Freundschaft über die christlichen Lehren von Liebe und Barmherzigkeit bis hin zur modernen Philosophie einer öffentlichen Wohlfahrt. Überdies zeigt sie uns, wie sehr sich der Mensch von sich selbst entfremdet hat und wie einschneidend unsere Fähigkeit, füreinander Sorge zu tragen, von Ängsten und Konkurrenztrieben blockiert wird, denn diese sind genauso alt wie die Vorstellungen von Freundlichkeit und Mitmenschlichkeit. Die Geschichte des Abendlandes ist durch alle Epochen vom Christentum und seiner

Lehre zur menschlichen Güte und Freundlichkeit geprägt: Die selbstlosen Impulse des Menschen werden als Tugenden gepriesen und allgemeinverbindlich zur Glaubensgrundlage erklärt. Jahrhundertelang diente die christliche *caritas* als eine Art kultureller Kitt, der die Individuen in die Gesellschaft einband.

Seit dem 16. Jahrhundert geriet das christliche Gebot »Liebe deinen Nächsten wie dich selbst« zunehmend ins Fadenkreuz der Kritik – allerdings von Seiten des aufkommenden Individualismus. Thomas Hobbes fertigte in seinem *Leviathan* (1651) – dem Urtext des modernen egozentrierten Individualismus – christliches Mitgefühl als psychologische Absurdität ab. Hobbes behauptete, alle Menschen seien selbstsüchtige Bestien, denen es um nichts anderes als um ihr eigenes Wohl gehe, demzufolge die menschliche Existenz »ein Krieg aller gegen alle« sei. Es dauerte eine ganze Weile, bis sich seine Argumente durchsetzten, doch Ende des 18. Jahrhunderts waren sie – ungeachtet der Anstrengungen eines David Hume und anderer – Allgemeingut geworden.

Und weitere zwei Jahrhunderte später erwecken wir fast alle den Anschein, Hobbes' Anhänger zu sein – zutiefst überzeugt, der Egoismus bestimme unser Handeln. Man dürfe sogar annehmen, das christliche Gebot »Liebe deinen Nächsten wie dich selbst« könne, so der französische Psychoanalytiker Jacques Lacan, nur ironisch gemeint sein, denn kein Mensch liebe sich selbst.

Freundliches Verhalten wird argwöhnisch verfolgt; öffentliche Zurschaustellungen von Mitmenschlichkeit stoßen auf die Kritik, moralistisch und sentimental zu sein. »So ist der Mensch nun mal« – achselzuckend kommentieren wir so oder ähnlich egoistisches Verhalten: Wir erwarten gar nichts anderes. *Menschliche Güte verkommt entweder zur Schlagzeile oder zur Neurose.* Populäre Ikonen der Menschenfreundlichkeit – Prinzessin Diana, Nelson Mandela, Mutter Teresa – werden als Heilige verehrt oder hämisch als egozentrische Heuchler entlarvt. Wer die Interessen der Anderen den eigenen Wünschen überordnet, sollte dafür vielleicht gefeiert werden – aber normal ist das doch nicht.

Sind wir womöglich eben jetzt dabei, uns von Freundlichkeit, Mitmenschlichkeit, Verbindlichkeit, Wohlwollen oder Zuvorkommenheit zu verabschieden? Oder Freundlichkeit zumindest als Tugend nicht länger hochzuhalten, auf die wir nur dem Anschein nach Wert legen? Sollen wir nicht stattdessen einfach nur die offenbar spontanen, freilich flüchtigen Anwandlungen von Freundlichkeit in unserem Leben genießen, während wir uns gleichzeitig darüber klar sind, dass solche Augenblicke für uns selbstsüchtige Kreaturen einfach nur Ausnahmen von der Regel darstellen?

Freundlichkeit im Sinne von Wärme, Innigkeit, Entgegenkommen und Zuwendung wird heutzutage als Angewohnheit nur noch im Verhältnis zwischen

Eltern und Kindern akzeptiert, begrüßt, ja als obligatorisch angesehen. Aber bevor wir uns über eine Mutter echauffieren, die in aller Öffentlichkeit ihren kleinen Sohn anschreit – sollten wir uns in diesem Fall nicht einmal Gedanken darüber machen, wie schwer es Eltern in einer Gesellschaft haben, die mit Freundlichkeit nur in Ausnahmefällen etwas anfangen kann und im Großen und Ganzen freundliches Verhalten nicht gerade fördert? Mitmenschlichkeit bedeutet, die Verletzlichkeit anderer Menschen und damit im Grunde auch die eigene auszuhalten. Genau diese Haltung ist aber zu einem Zeichen von Schwäche verkommen – sieht man einmal von mehr oder weniger als heilig geltenden Gestalten ab, bei denen Wohlwollen und Güte im Grunde nur auf das Außergewöhnliche ihrer Existenz verweisen. Noch verlangt niemand von den Eltern, dass sie mit ihren Kindern nicht mehr freundlich umgehen sollen. Ansonsten aber haben wir im sozialen Umgang geradezu eine Freundlichkeitsphobie entwickelt, vermeiden explizit freundlich gemeinte Gesten und entwickeln – besonders kennzeichnend für Phobien – endlose Begründungssysteme, um unser Unterlassen rechtfertigen zu können.

Jede Form von Mitgefühl ist doch nur Selbst-Mitleid, stellte D. H. Lawrence fest und brachte damit die weit verbreitete moderne Skepsis gegenüber der Freundlichkeit und Mitmenschlichkeit recht prägnant zum Ausdruck: Sie stelle entweder eine höhere

Form des Egoismus dar – die Abart des Egoismus nämlich, die sich moralisch tadellos geriert, insgeheim aber alle und alles ausbeutet – oder die widerwärtigste Stufe, auf der Freundlichkeit zur Methode der Schwachen wird, um die Starken zu zügeln. Wer sich freundlich, höflich, nett, gefällig, liebenswürdig oder auch sanft verhält, tut das nur, weil ihm nichts anderes übrig bleibt. Wenn uns unausgesetzt die Vorstellung nahe gelegt wird, der Mensch sei von Natur aus konkurrenzprädisponiert und könne gar nicht anders, als seine Mitmenschen besiegen zu wollen, dann fällt freundlichem Verhalten folgerichtig der fade Beigeschmack völliger Antiquiertheit mit allenfalls nostalgischem Wert zu: ein Überbleibsel aus einer Zeit, als wir noch in der Lage waren, uns selbst im Anderen wiederzuerkennen und Sympathie füreinander zu empfinden, weil wir doch schließlich alle zu ein und derselben Spezies gehören. Gab es überhaupt je eine solche Zeit? Denn es fragt sich ja tatsächlich: Was bringt uns Freundlichkeit außer moralischer Zustimmung ein? Womöglich entfällt sogar noch diese moralische Zustimmung in einer Gesellschaft, in der »Respekt« vor dem eigenen Prestige zu einem der obersten Werte aufgestiegen ist.

Die meisten unter den heutigen Heranwachsenden glauben insgeheim, Freundlichkeit sei eine unverkennbare Versagertugend. Aber schon das geläufige Begriffspaar »Gewinner-Verlierer« ist ein belastender Bestandteil der phobischen Vermeidungshaltung, der gegenwartstypischen Angst vor Freundlichkeit. Bezeichnenderweise legen sich die Freundlichkeitsgegner – und ein solcher Gegner lebt mittlerweile in uns allen – nie die Frage vor: *Woher rührt eigentlich unser Gespür für Freundlichkeit, unser ›Freundlichkeitsinstinkt‹?* Warum nehmen wir in uns überhaupt den Impuls wahr, freundlich zu Anderen sein zu wollen, von der Freundlichkeit uns selbst gegenüber ganz zu schweigen? Warum bedeutet uns Freundlichkeit etwas? Möglicherweise ist das ja eines der entscheidendsten Merkmale von Freundlichkeit: dass wir – im Unterschied zu abstrakten ethischen Werten wie etwa der Gerechtigkeit – uns eigentlich genau auf das verstehen, was es mit Freundlichkeit und Güte, Entgegenkommen und Zuvorkommenheit, Gutmütig-, Nettig- und Liebenswürdigkeit, Milde und Sanftheit auf sich hat, kurz, dass wir in den meisten Alltagssituationen ein bemerkenswert eindeutiges Gespür dafür haben. Allerdings führt uns diese überraschende Gewissheit oft nur dazu, eine freundliche Geste kalkulierend zu vermeiden oder leichter zu verdrängen. Normalerweise sind wir uns wohl bewusst, was in einer gewissen Situation ein Akt der Freundlichkeit wäre – und wir erfassen unmittelbar, wann ein Anderer uns freundlich-mitmenschlich begegnet und wann nicht. Wir haben alles, was wir brauchen, um freundlich zu sein. Freundlichkeit ist keine erworbene, antrainierte Fertigkeit. Sie ruft ein stilles Wohlgefühl hervor und verstört uns doch auch spürbar. So freundlich, wie wir eigentlich sein wollen, sind wir nie. Umgekehrt betrachten wir es als unentschuldbaren Affront, wenn uns ein Anderer unfreundlich behandelt. *Nichts fehlt uns demzufolge mehr als Freundlichkeit.* Unfreundlichkeit der Anderen ist für uns ein ständiger Stein des Anstoßes. Andauernd treibt uns die mitmenschliche Freundlichkeit um, wir selbst sind aber gleichzeitig meistens außerstande, uns im eigenen Leben von Freundlichkeit und Mitmenschlichkeit tragen zu lassen.

Zutiefst zwiespältig ist also unser Verhältnis zur Freundlichkeit. Wir schätzen sie, und wir fürchten sie. Wir reagieren überempfindlich, wenn sie – wie so häufig im Alltag – fehlt, und wir wehren die eigenen Impulse zu freundlichem Verhalten in uns ab. Wir befinden uns in mehr als nur einer Zwickmühle zwischen Moral (Freundlichkeit als Pflicht, die wir nicht hinreichend erfüllen) und Psyche: Denn nicht genug damit, dass wir nicht so freundlich sind, wie wir es sein sollten, es fällt uns offenbar viel schwerer zuzugeben, dass wir unsere eigenen freundlich-sympathischen Gesten ungemein genießen und dies auch bewusst spüren. Von Natur aus sozial, fühlen wir mit und für Andere, woraus gleichzeitig Mitmenschlichkeit *und* Eigennutz entspringen. Ist unsere eigene Zwiespältigkeit bereits schwer zu ertragen, so halten wir sie bei der Wahrnehmung unserer Mitmenschen kaum aus, wie unser Verhältnis zu Kindern zeigt: Entweder sehen wir in ihnen völlig unschuldige Wesen und moralische Engel, die nur von den Erwachsenen verdorben werden, oder wir halten sie für durch und durch schlechte Kreaturen: bösartig, sexuell triebhaft, ständig miteinander konkurrierend, kurzum: Miniaturausgaben der niederträchtigen Gattung ›Mensch‹ – eine Schwarz-Weiß-Sicht mit gravierenden Folgen.

Kinder sind genau wie die Erwachsenen komplexe Geschöpfe mit einem – wie wir zeigen werden – angeborenen Gespür für Freundlichkeit und Anteilnahme, das ganz genauso stark ist wie ihre egoistischen Antriebe, von denen heutzutage so viel die Rede ist. Die Formen, in denen Mitmenschlichkeit sich äußert, sind, ähnlich wie die Äußerungsformen der Sexualität, teilweise von der Gesellschaft übernommen, in der wir aufwachsen, und können somit also verlernt, schlecht vermittelt oder ganz abgelehnt werden. Daher lautet eine unserer Kernaussagen, dass Kinder in ihren frühen Lebensjahren »von Natur aus« freundlich sind, dass sich diese Freundlichkeit aber verändert, wenn sie in unserer heutigen Gesellschaft aufwachsen.

Ganz neu ist diese Idee nicht: Vor über 250 Jahren plädierte Jean-Jacques Rousseau leidenschaftlich dafür, die natürliche Freundlichkeit eines Kindes vor den verderblichen Einflüssen einer zersplitterten Gesellschaft zu bewahren. In der Geschichte der Freundlichkeit, die zugleich eine Geschichte der Kindheit ist, markiert dieser Appell einen entscheidenden

Wendepunkt. Neu ist in unserer Zeit, wie mühelos Leute davon zu überzeugen sind, Freundlichkeit müsse nicht überzogen ernst genommen werden. Wie aber kommt es dann, dass eine Haltung, die uns so wichtig, ja existenziell bestimmend war, dermaßen unglaubwürdig und nebensächlich werden konnte?

In diesem Buch bieten wir eine historische Darstellung – wie und warum ließen sich Menschen ihre Freundlichkeit ausreden? – und zugleich eine psychologische Vorstellung: Warum hat den Menschen diese seine Verwundbarkeit so tief und schrecklich traumatisiert? In keiner Phase des Lebens ist der Mensch unverwundbar; jeder kann jederzeit ein Opfer von Krankheit, Unglücksfällen, menschlichen Tragödien, von politischen oder wirtschaftlichen Katastrophen werden – was natürlich nicht ausschließt, dass der eine oder andere auch widerstandsfähig und stark sein kann. Wer die Verwundbarkeit seiner Mitmenschen auszuhalten wagt, wer also theoretisch und praktisch Anteil nimmt, ohne auszuweichen und ohne sich und Anderen zu suggerieren, dies sei eine überflüssige Handlungsweise – wer dazu bereit ist, der kann auch seine eigene Verwundbarkeit ertragen. Man darf sogar behaupten, dass es unsere Verwundbarkeit ist, die uns miteinander verbindet; sie ist das Medium, in dem sich unsere Existenzen berühren, in dem wir uns am deutlichsten im Anderen erkennen. Noch bevor wir zu sexuell motivierten Lebewesen heranwachsen, sind wir verwundbare

Lebewesen; ja, die Stärke unseres Begehrens entspringt unserer ursprünglichen Hilflosigkeit und Abhängigkeit.

Das erste, prägende Trauma des Kindes besteht darin, allmählich zu erkennen, wie abhängig es von Anderen ist. In Wirklichkeit ist die Mutter in ihrer Abhängigkeit von ihrem Kind genauso verwundbar wie das Kind in seiner Abhängigkeit von ihr; Eltern sind darauf angewiesen, dass ihre Kinder ihnen nicht zu viele Sorgen bereiten. Das bedürftige Kind erfährt das Trauma der Sorge (»Wie kann ich mich um meine Mutter kümmern, damit sichergestellt ist, dass sie für mich sorgt?«), wodurch seine natürliche Freundlichkeit aktiviert wird. Allerdings bildet sich zu schnell das Bewusstsein heraus, mit dieser Sorge – und mit den späteren Ausprägungen von Freundlichkeit, die sich aus ihr ergeben – fertig zu sein. Diese Abwendung nennen wir »Selbst-Genügsamkeit«; in der pathologisierten Form bezeichnen wir sie als »Narzissmus«. Freundlichkeit tut uns gut, indem sie uns mit Anderen verbindet; Freundlichkeit erfüllt uns mit Schrecken, weil sie uns zu direkt mit unseren eigenen verwundbaren Punkten und denen unserer Mitmenschen konfrontiert (mit Punkten, die wir in Phasen besonderer Verunsicherung als »Schwächen« abqualifizieren). Und Verwundbarkeit – allen voran die Verwundbarkeit, die wir »Begehren« nennen – ist ein biologisches Erbe, das wir alle in uns tragen. Mit anderen Worten: Freundlichkeit macht uns in einer Art und Weise offen für die Welt (und die Welten) anderer Menschen, die wir gleichzeitig ersehnen und fürchten. Wie kann ein Mensch von Kindesbeinen an so viel Selbstvertrauen entwickeln, dass es ihm möglich wird, sich auf Wagnisse dieser Art einzulassen?

Der Mensch strebt um jeden Preis nach Sicherheit. Vielleicht gehört es zu den Gefahren der Neuzeit, dass wir, wenn wir nicht mehr an Gott glauben – also an ein unverwundbares Wesen, das uns als solches garantiert beschützen kann –, nicht umhin können, uns mit unserer eigenen relativen Hilflosigkeit auseinanderzusetzen, mit der Tatsache, dass wir aufeinander angewiesen sind. Wenn es keine Unverwundbarkeit mehr gibt, nimmt die allgemeine Verwundbarkeit zu.

Wie gehen wir damit um? In seinem Roman *Ein grüner Junge* (1875) beschreibt Dostojewski, wie die Menschen eines Tages feststellen müssen, dass sie in einem Universum ohne Gott allein sind. Statt nun ihren Verlust zu beklagen, wenden sie sich einander zu und ersetzen den göttlichen Schutz durch Zärtlichkeit und Anteilnahme. Sie nehmen die menschliche Verwundbarkeit ernst und gehen konstruktiv mit ihr um. In der Haltung freundlicher Mitmenschlichkeit eröffnet sich ihnen ein Handlungsraum, in dem sie ihre Verwundbarkeit erfahren und dadurch sowohl die eigenen Stärken als auch die Grenzen ihrer Möglichkeiten kennenlernen können. Wenn

Gott tot ist, bleiben Freundlichkeit und Mitmenschlichkeit nicht nur nach wie vor möglich – wenn Gott tot ist, sind sie das Einzige, was den Menschen bleibt.

Angewandte Freundlichkeit ist also nicht primär eine abstrakte Aufforderung zur Selbstlosigkeit – Offenheit und Herzlichkeit verändern ihn vielmehr, wenn er sich auf seine Mitmenschen einlässt, und zwar häufig völlig unvorhersehbar. Echte Freundlichkeit verändert die Verhältnisse, ohne dass man die Folgen voraussagen könnte. Sie ist riskant, weil sie unsere Bedürfnisse und Wünsche mit den Bedürfnissen und Wünschen unserer Mitmenschen so eng verbindet, wie es dem sogenannten Eigen- oder Selbst-Interesse nie möglich wäre. Der Begriff »Selbst-Interesse« setzt voraus, dass wir jederzeit wissen, was wir wollen, indem wir eine genaue Vorstellung von unserem Selbst haben und von dem, was jeweils in seinem Interesse ist. Neuentdeckungen sind damit jedoch ausgeschlossen. Freundlichkeit erschließt uns andere Menschen weit über bloßes Hin- und Wahrnehmen hinaus. Wenn wir uns auf Fremde, auf »Ausländer« womöglich, die viele tausend Kilometer von uns entfernt leben, so einlassen wie auf unsere nächsten Mitmenschen, ist Freundlichkeit in gewisser Weise wesentlich »promiskuitiver«, soll heißen aufgeschlossener und vielfältiger, als sexuelle Beziehungen es jemals sein können. Ein Kind ist auf einen Erwachsenen, wie wir noch sehen werden, sowie eine größere Gemeinschaft angewiesen, damit sein Glaube an die Macht der Freundlichkeit nicht erschüttert wird, damit es also in aller Ruhe entdecken kann, wie viel Freude es macht, sich um andere zu kümmern. Wenn einem Kind diese Möglichkeit vorenthalten wird, bleibt ihm eine der wichtigsten Quellen menschlichen Glücks verschlossen. Die Menschheit wusste das lange Zeit, und sie hat es seit Langem vergessen. Die Geschichte der Freundlichkeit handelt von diesem Wissen und davon, wie es vergessen wurde und heute neu entdeckt wird. Die Freundlichkeit und ihre Geschichte sind ein zentraler Bestandteil der abendländischen Philosophie vom gelingenden Leben.

Nietzsche schrieb in der *Genealogie der Moral* (1887), dieser großen Abrechnung mit den Wurzeln des moralischen Empfindens, er verstehe »die immer mehr um sich greifende Mitleids-Moral, welche selbst die Philosophen ergriff und krankmachte, als das unheimlichste Symptom unsrer unheimlich gewordenen europäischen Kultur«. Wir sind hingegen der Ansicht, eine Moral des Mitleids habe keinesfalls um sich gegriffen; vielmehr schreckte sie vor ihren eigenen tiefsten Erkenntnissen zurück – und das ist das eigentlich unheimliche Symptom unserer Moderne.

Kapitel 2

Eine kurze Geschichte der Freundlichkeit

Seit jeher umstritten ist der Begriff ›Freundlichkeit‹. Schon die antiken Philosophen rangen um die Frage: Ist der Mensch von Natur aus freundlich oder selbstsüchtig? In der Spätantike und im Mittelalter sinnierten die Kirchenväter über den Ursprung der Freundlichkeit: Gehört sie zur menschlichen Natur, oder wird sie dem Menschen von Gott verliehen? Die Humanisten stritten sich, ob die Verdienste eines Lebens für die Gemeinschaft höher zu veranschlagen seien als diejenigen eines Lebens, das sich lediglich an den eigenen Interessen orientiert, bis dann in der Epoche der Aufklärung der Diskurs durch die Veröffentlichung des *Leviathan* (1651) eine unerhörte Wendung nahm und eine noch nie dagewesene Richtung einschlug: Thomas Hobbes verteidigt in seiner Staatstheorie den ungehemmten ichbezogenen Individualismus. Scharfe Erwiderungen von Denkern wie David Hume, Adam Smith und Jean-Jacques Rousseau, die für den Wert der Freundlichkeit eintraten, folgten. Unsere heutigen negativen Vor- und Einstellungen zur Freundlichkeit haben ihren Ursprung bei Hobbes und seinen Kritikern, vor allem bei Rousseau. Seine Darstellung dieses Topos, differenziert und gleichermaßen psychologisch, kündigt avant la lettre die psychoanalytische Herangehensweise Freuds und seiner Schüler an. Rousseau war der erste Philosoph, der erkannte, wie wichtig die frühkindliche Erfahrung für die Herausbildung einer zu Güte und Mitgefühl fähigen Persönlichkeit ist. Seine Erkenntnisse verknüpfen Vergangenheit und Gegenwart frappierend und erhellend – weshalb Rousseau als Schlüsselfigur in der Geschichte der Freundlichkeit gelten muss.

Eine kurze Vorbemerkung aus dem Bereich der Gender-Forschung: Bis ins späte 20. Jahrhundert hinein waren mit dem Terminus »Menschen« lediglich Männer gemeint. Mann-Sein war die ungeniert verwendete »Schablone« für Mensch-Sein; Frauen dagegen gingen spurlos im männlichen Universum auf – und unter. Ironischerweise endete die Debatte um Egoismus und Freundlichkeit damit, dass genau dieser Begriff feminisiert wurde: Man hat ihn aus dem Ganzen der menschlichen Gattung ausgegliedert und – da er sich am deutlichsten in Gestalt der mütterlichen Sorge ausprägt – als etwas spezifisch Weibliches angesehen. In der jüngsten Vergangenheit galt also Freundlichkeit weitgehend als weibliches Attribut, während dem Mann der Egoismus des Einzelkämpfers zugeschrieben wurde. Allerdings sehen wir heute – vornehmlich in der Business-Welt – auch Frauen, die für sich das Recht einfordern, genauso mitleidlos konkurrenzorientiert zu handeln wie Männer: In einer Welt, in der jeder sich selbst der Nächste ist, hat sogar die Gleichheit ihre Schattenseiten.

* * *

Im Jahr 64 n. Chr. schrieb der Philosoph Seneca seine Gedanken über die Freundlichkeit nieder. Die Epikureer, die gelehrten Kontrahenten der Stoiker, vertraten in der damaligen Diskussion die Auffassung, Freundschaft sei aus rein funktionalen Gründen erstrebenswert: »... um jemanden zu haben, der einen besucht, wenn man krank ist; oder der einem hilft, wenn man sich in materieller Not oder in Gefangenschaft befindet«. Seneca aber wusste es besser. Ein Weiser suche einen Freund, »um jemanden zu haben, an dessen Krankenbett er selbst sitzen kann, und jemanden, den er retten kann, wenn der Andere sich gefangen in der Hand des Feindes befindet«. Freundlichkeit war seiner Meinung nach nicht nur eine Verpflichtung des Menschen, sondern eine Bereicherung und ein Quell der Freude: »Keiner kann glücklich leben, wenn er immer nur auf seinen eigenen Vorteil aus ist. Du musst für andere leben, wenn du für dich selbst leben willst.«

Menschen brauchen andere Menschen, und zwar

nicht nur, um gesellig leben zu können und in schweren Zeiten Unterstützung zu erfahren, sondern um ganz fundamental ihrem Menschsein gerecht zu werden. Dieses Thema durchzieht sämtliche antiken philosophischen Schulen; am stärksten wird es jedoch bei den Stoikern betont, die ihre Moralphilosophie auf der *oikeiôsis* begründeten, der *Bindung der eigenen Person an die Mitmenschen*. Für die Stoiker war die Wirklichkeit von einem *logos* durchdrungen, einem göttlichen Prinzip der Vernunft, das sich in jeder menschlichen Seele manifestierte. *Kein Mensch ist eine Insel*, so formuliert es der Dichter John Donne Jahrhunderte später; alle gehören zur großen »Gemeinschaft der Vernunft«, und jeder ist dem anderen wertvoll, weil alle an derselben Menschlichkeit, demselben Menschsein teilhaben. Der Stoiker Mark Aurel sah die Welt als »eine einzige Stadt«, deren Bewohner durch Vernunft und »gegenseitige Zuneigung« miteinander verbunden seien.

Doch nicht jeder war mit diesem hohen Lob des Gemeinschaftlichen einverstanden. In den Augen der Epikureer beispielsweise war die Menschheit keine Einheit, sondern vielmehr ein Gewühl von Individuen, die sich nur ihrer Selbstliebe und der Verfolgung ihrer eigenen Interessen verpflichtet fühlen. Stoiker lehnten die These von der Selbstliebe zwar nicht unumwunden ab, definierten diese Selbstliebe aber mit Vorstellungen, die über das Individuelle hinausreichen: Jede Person, so behaupteten sie, kommt mit einer angeborenen Selbstliebe zur Welt, die sich, wenn der Mensch in eine durch Vernunft gestiftete Gemeinschaft hineinreift, zur Zuneigung zu den Anderen fortentwickelt. Schon Aristoteles meinte, Freundschaft sei nur nach außen gewendete Selbstliebe. Die Stoiker entwickelten diese Idee weiter zur Vorstellung eines Selbst, das den Mittelpunkt von konzentrischen Kreisen einer *oikeíôsis* bildet: Die innersten Kreise bestehen aus den Blutsverwandten, dann folgen Freunde und Nachbarn, und so breiten sich die Kreise immer weiter aus, bis sie die gesamte Menschheit umfassen.

Blieb nun aber der Grad der Zuneigung gleich, oder nahm er mit wachsender Entfernung vom Mittelpunkt ab? Dazu gab es unterschiedliche Meinungen. Aristoteles nannte die Liebe zur Menschheit insgesamt »diffus« und »verwässert«, eine Meinung, die von einigen Stoikern geteilt wurde: Die gefühlsmäßige Bindung werde intensiver, je näher sich die Menschen stünden. Deshalb verbinde die stärkste Form der Zuneigung Eltern und Kinder, während die Aufgeschlossenheit Fremden gegenüber eher den Charakter einer Pflicht als eines Gefühls habe. Cicero, selbst kein überzeugter Stoiker, doch stark von der Stoa beeinflusst, behauptete in *De officiis* (*Vom pflichtgemäßen Handeln*) aus dem Jahr 44 v. Chr., es sei ganz natürlich, sich mit der eigenen Familie mehr verbunden zu fühlen als mit anderen Menschen. Dennoch plädierte auch er dafür, freundschaftliche

Beziehungen auf die gesamte menschliche Gesellschaft auszudehnen. Bürgern, die ihren eigenen Mitbürgern den Vorzug vor Fremden gaben, riet er warnend, »die Gemeinschaft, die die Menschheit zusammenhält, nicht zu zerreißen«.

»Die wirkliche Freude eines Menschen«, meinte Mark Aurel, »besteht darin, zu tun, wozu er bestimmt ist. Er ist dazu bestimmt, seiner eigenen Gattung mit Wohlwollen zu begegnen.« Ein ausgeglichener Mensch wird *oikeíôsis* als angenehme Tugend empfinden, ob sie sich nun auf Fremde oder auf ihm nahe stehende Menschen richtet. Die Stoiker waren Asketen: Die Genüsse, zu denen sie rieten, hatten nichts mit der Erfüllung sinnlicher Begierden zu tun, vielmehr ging es um »Seelenzustände«, die die Tugendhaftigkeit des Individuums stärkten, indem sie es mit der Natur in Einklang brachten. Die angeborene Freundlichkeit wurzelt also in Gefühlen der frühesten Kindheit, was sie in den Augen der Stoiker zu einer Quelle des Glücks macht, die »die Seele erweitert«. Die meisten Epikureer hatten übrigens trotz gegenteiliger Äußerungen der Stoiker ganz ähnliche Überzeugungen; so äußerte sich etwa Epikur euphorisch über die Freuden der Freundschaft, »die wie ein Tanz die ganze Welt umgreift«.

Dieses lustbetonte Element im Diskurs über Freundlichkeit wurde nun seit der Spätantike von den christlichen Denkern nach Augustinus gänzlich an den Rand gedrängt. Fatalerweise verbanden sie darüber hinaus Liebenswürdigkeit mit dem Moment der Selbstaufgabe. Und ebendiese Verknüpfung wurde später zu einem gefundenen Fressen für die Vertreter des philosophischen Egoismus, allen voran Thomas Hobbes. Ohne Weiteres konnte er nun darauf verweisen, dass die Idee des Selbst-Opfers nur in Ausnahmen praktiziert wurde, und zwar auch von denen, die diese Idee leidenschaftlich verfochten. Dabei hatte die klassisch-antike Imagination von Freundlichkeit im Unterschied zur christlichen mit Selbst-Aufopferung nichts zu tun. Die Freuden der Freundlichkeit waren deswegen so intensiv, weil sie aus einer dem Menschen angeborenen Geselligkeit entspringen, wie nicht-christliche Denker der Aufklärung, etwa David Hume und Adam Smith, im 18. Jahrhundert betonen. Der Mensch ist nicht freundlich, weil es ihm vorgeschrieben wird, sondern weil er sich erst dann ganz als Mensch im eigentlichen Sinne fühlt. Den anderen Menschen zu lieben ist ein zwangloser, lustbetonter Ausdruck der Menschlichkeit und keine religiös gebotene Pflichtübung.

Der Übergang von der heidnischen Gesellschaft zum Christentum brachte eine entscheidende Wende in der Geschichte der Freundlichkeit. Die heidnische Vorstellung von Freundlichkeit entwickelte sich vor einem Hintergrund schon seit jeher bestehender Unterscheidungen zwischen freien Bürgern und Sklaven, Ober- und Unterschicht, Reichen und Armen, Männern und Frauen, Bürgern und Fremden. Es gab auch unter den Stoikern nur sehr wenige, die diese Aufspaltung in Frage stellten - vielmehr entwickelten sie eine Vorstellung vom Menschen, die nicht universal, sondern exemplarisch war. Nur der Mann, der sich zu einem vernünftigen, gesellschaftstauglichen Wesen entwickelte, was seinerseits eine vermögende und gesellschaftlich angesehene Herkunft voraussetzte, galt im eigentlichen Sinne als Mensch und Bürger. Die Spannungen zwischen dieser elitären Definition des Menschen und einer umfassenderen Sicht waren im antiken Denken zwar präsent, doch von den prominentesten Vertretern wurden sie kaum angesprochen. Genau diese Spannungen aber waren es, die dem Aufkommen des Christentums eine so explosive Wirkung verliehen. Im christlichen Denken war ›Mensch-Sein‹ plötzlich ein Attribut aller geworden, sogar der Frauen, obgleich sich die Eigenschaften, die Frauen zugeschrieben wurde, beträchtlich von denen der Männer unterschieden. Auch Freundlichkeit wurde jetzt verallgemeinert und zur erstrebenswerten Manier innerhalb der gesamten Menschenfamilie erklärt.

Die Werte Mitmenschlichkeit und Freundlichkeit standen beim Aufstieg des Christentums von einer jüdischen Sekte zur Weltreligion Pate und dominierten bald das Geschehen. Die Kirchenlehrer übernahmen das griechische Wort für Liebe, *agápe,* und beschrieben sie als die Liebe Gottes, die sich vom Himmel herab in die menschliche Seele ergießt und sie mit *caritas* erleuchtet. »Liebe deinen Nächsten wie dich selbst«, lautete die Goldene Regel aus dem Neuen Testament. »Aber wer ist mein Nächster?«, fragt ein Mann Jesus im Lukas-Evangelium. Jesus antwortete ihm mit dem *Gleichnis vom barmherzigen Samariter*, der Geschichte eines Israeliten: Unterwegs nach Jericho fällt er unter die Räuber und wird schwer verletzt an der Straße zurückgelassen. Alle gläubigen Israeliten, die vorübergehen, ignorieren ihn, bis endlich ein Samariter sich seiner erbarmt und ihn völlig selbstlos unterstützt. Israeliten und Samariter waren seit alters verfeindet, und dieses Gleichnis verkörpert nach wie vor die *caritas*, das eigentliche Urbild christlicher Mitmenschlichkeit und Menschenfreundlichkeit. Sie überwindet ethnische Grenzen und religiöse Gräben und macht somit alle Menschen zu Freunden und Nächsten. Freundlichkeit wurde zum umfassenden Prinzip, das alle Menschen mit einschließt, und untermauert damit zugleich den christlichen Anspruch, eine Religion für alle zu sein. Augustinus hat dies am prägnantesten formuliert. In seinem Werk *De Civitate Dei (Vom Gottesstaat)* aus dem Jahr 426 n.Chr. spricht er von einer »heiligen Barmherzigkeit«, die »die ganze Welt« umgreifen soll, Heiden und Sünder ebenso wie die Gottesfürchtigen: »Die Freunde des Menschen sind all diejenigen, mit denen zusammen er ein Mitglied der menschlichen Gesellschaft ist.«

In Verbindung mit der Kritik Jesu an den Wohlhabenden und Privilegierten stand diese Version der Freundlichkeit potentiell – und teilweise auch tatsächlich – in schroffem Kontrast zur etablierten Ordnung. Mit den subversiven Implikationen der *caritas* hat die Amtskirche seither zu kämpfen. Als sie vom 2. Jahrhundert an immer mehr an Macht und Einfluss gewann, verschärften sich auch die Spannungen zwischen Anspruch und Realität. Der offensichtliche Widerspruch einer streng hierarchisch gegliederten Kirche, die gleichzeitig globale Brüderlichkeit predigte, löste bei den einfachen Christen immer wieder Unsicherheit und Zweifel aus. Es entstand eine Vielzahl von häretischen Bewegungen – angefangen bei den französischen Katharern im 13. Jahrhundert über die Münsteraner Wiedertäufer im 16. Jahrhundert bis hin zu den Diggern in England unter der Herrschaft Cromwells. Sie alle hatten die Vision, hier auf Erden ein Neues Jerusalem aufzubauen, in dem sie das Gebot der Bruderliebe verwirklichen konnten. Die Kirche unterdrückte diese Bewegungen und unterstützte grausame Kampagnen gegen Ketzer und Reformer; *caritas* erschien über weite Strecken nur noch als sehr ferner Traum. Im Jahr 1649 wurde Gerrard Winstanley, Anführer der Digger, einer kurzlebigen christlichen Landkommune, angegriffen und von seinem Hof vertrieben; danach beklagte er die »selbstsüchtigen Vorstellungen« machthungriger Männer, denen es um nichts anderes gehe als darum, ihre Mitmenschen »zu belehren und zu beherrschen«.

Das waren in der Tat schwer aufzulösende Widersprüche, doch der Kern der christlichen Lehre barg ein noch viel gravierenderes Dilemma. »Wenn wir einander lieben, wohnt Gott in uns, und seine Liebe wird in uns vollkommen«, so lehrte der Evangelist Johannes. Wenn aber Liebe ausschließlich von Gott stammt, was folgt daraus für den Menschen? Als Verkünder der Liebe versprach Christus eine Welt, die von *caritas* beherrscht wird. Die Interpreten seiner Lehre wiederholten in den Jahrhunderten nach seinem Tod alle überlieferten Argumente über die Natur des Menschen: War er von Natur aus großherzig oder egoistisch? War *caritas* eine menschliche Tugend oder ein Geschenk Gottes? Das Gleichnis vom barmherzigen Samariter schien nahezulegen, Freundlichkeit sei dem Menschen ganz allgemein zu eigen, und etliche frühchristliche Denker sahen das fraglos auch so. Augustinus und andere Kirchenväter bestritten dies allerdings vehement. Sie beharrten darauf, dass *caritas* ausnahmslos von Gott komme; ohne Gottes Hilfe sei der Mensch unfähig zu Freundlichkeit, Mitmenschlichkeit oder irgendeiner anderen angeborenen Tugend. Durch den Sündenfall, so Augustinus, habe die Menschheit alle Voraussetzungen für angeborene Güte verspielt. Der Mensch sei in die Erbsünde verstrickt und daher unfähig, ohne Gottes Beistand *caritas* zu entwickeln. Blieben die Kinder Adams sich selbst überlassen, waren sie nichts als selbstsüchtige Schurken.

Augustinus setzte *caritas* mit der Selbstüberwindung des Menschen gleich. Ohne Selbstzucht und Selbstopfer bliebe die Beziehung zwischen den Menschen unweigerlich auf einem Niveau von Lasterhaftigkeit und Bestialität stecken: welch trostlose Ansicht vom Wesen des Menschen! Im Jahrhundert der Reformation wurde sie noch einmal erheblich verschärft. Die menschliche Natur sei durch die Erbsünde »gänzlich verdorben und pervertiert« worden, so Martin Luther. Die moralische Zerrüttung des katholischen Klerus zeige deutlich, wie leicht das Individuum unter dem Einfluss von Pracht- und Machtentfaltung vom Pfad des wahren Glaubens abzubringen sei, um in völliger Lasterhaftigkeit zu versinken. Noch verbissener wies Johannes Calvin (1509-1564) die Vorstellung zurück, der Mensch könne von Natur aus gut sein. Eine »satanische Kreatur«, ein »wertloser, dreckiger Erdenkloß« voller egoistischer, niederträchtiger Impulse ist der Mensch, so Calvin. Wer könnte je einen solchen Wurm lieben? Der Philosoph und Schriftsteller Jean-Jacques Rousseau (1712-1778) wuchs im calvinistischen Genf auf. Der christliche Prediger zeige, so schreibt er später, dass

> *alle Menschen Ungetüme sind, die erdrosselt werden sollten: Opfer des Teufels, mit denen zusammenzutreffen unserem Herzen schadet und uns in die Hölle stößt. Das Außerordentlichste an diesen Behauptungen ist nun*

aber, dass dieser selbe Prediger uns auffordert, unsere Nächsten, das heißt diese ganze Schurkenbande zu lieben, gegen die er uns zuvor mit solchem Grauen erfüllte.

Alle Menschen, wie tugendhaft sie sich auch geben mögen, verdienten das Fegefeuer. Nur die Seelen, die Gott auserwählt habe, könnten diesem Urteil entkommen, und selbst diese glücklichen Auserwählten seien nach wie vor dazu angehalten, sich gegenseitig mit Argwohn zu begegnen und ständig mit Unaufrichtigkeit, sittlichen Verfehlungen und moralischen Rückfällen zu rechnen. Ein guter Christ solle am besten niemandem trauen, weder seinem Ehepartner noch seinen engsten Freunden. Schlimme Spuren und Nachwirkungen dieser Einstellung entdecken wir noch heute: Der Hass rechtsgerichteter Protestanten auf »Liberale« und »Laizisten« hat eine lange Geschichte, in der Freundlichkeit nur eine ganz untergeordnete Rolle spielte.

Durch die Reformation büßte die Haltung der Freundlichkeit ihren wichtigen Rang im moralischen Selbstverständnis des Christentums ein. Protestantische *caritas* wurde bis auf wenige bemerkenswerte Ausnahmen institutionalisiert und eingegrenzt – sie entwickelte sich zur Wohlfahrt im modernen Sinn. Max Weber zeigte, wie sich die ersten Protestanten der Neuzeit zwar als hervorragende Geschäftsleute hervortaten, ihr Händler- und Krämergeist vertrug sich allerdings nicht mit Großherzigkeit.

Außerdem waren die fürchterlichen Religionskriege des 17. Jahrhunderts kaum geeignet, den Ruhm der Christen zu mehren und sie als Experten für Bruderliebe auszuzeichnen. Eine Säkularisierungswelle überspülte die intellektuellen Kreise Europas, völlig neue Denkentwürfe entstanden und lösten die menschliche Natur aus ihrer religiösen Verwurzelung. Ein Zeugnis dieses Paradigmenwechsels ist der *Leviathan* von Thomas Hobbes, verfasst in der Zeit unmittelbar nach dem englischen Bürgerkrieg zwischen 1642 und 1649. Dieses Werk spiegelt die Schrecken seiner Zeit. Hobbes beschreibt die Welt als Schlachtfeld unbarmherziger Egoisten, die in einem »Krieg aller gegen alle« um »Besitztümer, Ehre und Herrschaft« kämpfen. Als bekennender Materialist stellt Hobbes den Menschen nicht als irrende Seele dar, sondern vielmehr als lustmaximierende Maschine, die nur ihre Eigeninteressen verfolgt; getrieben wird der Mensch von »unaufhörlicher, rastloser Gier nach Macht und immer mehr Macht, die erst im Tod zum Stillstand kommt«. Empörte Kritiker, die eine solche Ansicht als den Gipfel unchristlicher Amoralität geißelten, beschied Hobbes ungerührt und unmissverständlich: »Es mag zwar befremdlich erscheinen, dass die Natur die Menschen so gemacht hat, dass sie sich gegenseitig überfallen und vernichten können ..., doch schreibe ich damit der Natur des Menschen keine Schuld zu. Die Triebe und sonstigen Leidenschaften des Menschen sind für sich genommen keine Sünde.« Die grausame Botschaft lautet also: Wir müssen den Menschen so akzeptieren, wie er ist; es hat keinen Sinn, gegen die menschliche Natur aufzubegehren.

Mit Hobbes wandelte sich die Wahrnehmung von Egoismus und Aggression; aus moralischen Lastern wurden psychisch gegebene Umstände. Das Streben nach weltlichen Freuden, von christlichen Moralisten jahrhundertelang verdammt, wurde als natürlich gegeben, als Veranlagung, fundamentaler Instinkt und Triebfeder jeglicher menschlichen Handlung interpretiert. Ähnliche Überlegungen stellten sich bei den Aufklärern und Nachfolgern Epikurs in Frankreich ein – mit durchschlagender Wirkung. Viele Aufklärer in ganz Europa distanzierten sich zwar von der Hobbes'schen Misanthropie und seinem moralischen Pessimismus, seinen hedonistischen Prämissen jedoch stimmten die meisten zu. Befürworter des »kommerziellen Systems« wie Adam Smith fanden an der Suche des Einzelnen nach persönlichem Glück nichts auszusetzen, sahen sie doch daraus resultierende soziale Konflikte durchaus nicht als notwendige Konsequenz an. Nach Smith beruht der große Vorteil des Kapitalismus darauf, dass mit ihm individuelle Interessen in gesellschaftlichen Nutzen umgewandelt werden. Der Geschäftsmann, der hohe Gewinne anstrebt; der Arbeiter, der für seinen Lebensunterhalt schuftet; der Käufer, der nach neuen Produkten Ausschau hält: All diese Individuen tragen ungeachtet ihrer jeweiligen Motivation dank den im Verborgenen wirkenden Mechanismen des freien Marktes – Smiths berühmte Metapher der »unsichtbaren Hand« – zum Wohl des jeweils Anderen und damit zum allgemeinen Wohlstand bei. »Wir erwarten nicht, dass der Metzger, der Brauer oder der Bäcker uns aus Wohlwollen das geben, was wir für unsere Mahlzeiten brauchen, sondern aus wohlverstandenem Eigeninteresse«, betont Smith in seinem Werk über den *Wohlstand der Nationen* (1776), und dennoch sorgt die Kombination der Eigeninteressen dieser einzelnen Unternehmer dafür, dass die Bürger einer Nation zu ihrem Abendessen kommen. Der »süße Handel«, wie seine Anhänger ihn überschwänglich nannten, führt ganz automatisch zu Wohltätigkeit.

Nun war die Selbst*liebe* zur Zeit der Aufklärung zwar hoch angesehen, für die Selbst*sucht* jedoch traf das ganz und gar nicht zu. Das Streben nach individuellem Genuss durfte nie auf Kosten anderer gehen. Angesichts der Herausforderung durch Hobbes' pessimistische Thesen betonten die Verteidiger der Freundlichkeit, wahrer Genuss gehe immer mit Großherzigkeit einher. Aufgeklärte Anglikaner gaben diese Argumentationsrichtung vor, als sie den Gedanken der Erbsünde verwarfen und *caritas* als eine natürliche Veranlagung beschrieben, die dem Einzelnen Genuss verschafft, indem er zum Glück Anderer beiträgt. Christliche Moralvorstellungen galten lange

Zeit als unvereinbar mit den naturgegebenen menschlichen Regungen, nun aber lobten aufgeklärte Kleriker die angeborene Großherzigkeit des Menschen. »Da alle Einrichtungen der Natur angenehm und erfreulich sind«, so schrieb einer von ihnen im Jahr 1720, »gibt es nichts, was einem guten Menschen größeres Vergnügen bereitet, als Akte der Freundlichkeit oder Nächstenliebe.« Moralphilosophen griffen das Thema auf und übersetzten diese natürliche *caritas* in einen auf Güte ausgerichteten Instinkt oder Sinn, der den anderen menschlichen Sinneswahrnehmungen beigeordnet wurde. »Wenn irgendein Trieb oder Sinn naturgegeben ist, dann ist es auch der Sinn für die Gemeinschaft«, so der führende englische Aufklärer Lord Shaftesbury. Der schottische Philosoph Francis Hutcheson meinte, Mildtätigkeit oder wörtlich Wohlwollen *(benevolence)* – der Sammelbegriff der Aufklärung für Freundlichkeit und alles, was damit zusammenhing – sei ein Ur-Instinkt, gegen dessen Wonnen die Freuden der Selbstliebe völlig verblassten. »Freundlich zu sein stellt den Gipfel menschenmöglichen Glücks dar.«

Sensationell populär wurde gerade dieser Gedanke im 18. Jahrhundert. Zurückzuführen war das auf das zunehmende Unbehagen angesichts der Auswirkungen des Kapitalismus, der die Gesellschaft regelrecht zerrüttete. In einer zunehmend profitorientierten, vom Konkurrenzdenken geprägten Welt benötigte man neue Quellen sozialer Bindung, und die angeborene Freundlichkeit – vielgepriesen in Predigten, Gedichten, Benimm-Büchern und Romanen – war dafür genau das Richtige. Befürworter des Egoismus gab es zwar nach wie vor viele, doch neben ihnen bildete sich eine veritable Armee sogenannter »Benevolisten« (heute würden wir sie wohl als »Gutmenschen« bezeichnen), deren Herz erklärtermaßen von »mitmenschlicher Zuneigung« und »praktischer Philanthropie« überquoll. Das setzte dramatische Entwicklungen in Gang. Eine Woge von humanitärem Aktivismus überrollte England und Amerika, seine Vertreter nahmen sich sozialer Missstände wie der Sklaverei, der Vernachlässigung von Kindern und der Tierquälerei an, die lange Zeit ignoriert oder gar gutgeheißen wurden. »Freunde der Menschheit« tauchten plötzlich überall im Gefüge der Gesellschaft auf und hinterließen ein komplexes institutionelles und ideologisches Erbe – die Idealform von Mildtätigkeit. Eine Zerrform dieses Ideals, die im Lauf dieses Jahrhunderts immer deutlicher hervortrat, war ein rührseliger Kult der Weichherzigkeit oder »Empfindsamkeit«, wie die Epoche in Deutschland bezeichnet wurde – ein Kult, der zu einer gern genutzten Zielscheibe von Satirikern wurde. »Nichts sehe ich lieber als einen Gentleman mit einem weichen Herzen«, erklärt der habgierige Gerichtsvollzieher in Oliver Goldsmiths Schauspiel *The Good Natur'd Man* aus dem Jahr 1768. Moralische Rührseligkeit kam in Mode, vor allem bei Frauen, die sich mit ihrer ausgeprägten Weichherzigkeit brüsteten. Für Skeptiker war diese Heuchelei ein gefundenes Fressen: Mit Wonne mokierten sie sich über empfindsame Seelen, die beim Anblick verwaister Hundewelpen in Tränen ausbrachen und ihre Bediensteten gleichzeitig mit Hungerlöhnen abspeisten. William Blake kommentiert diese Heuchelei in seinem Gedicht »The Human Abstract« höchst prägnant:

> *Pity would be no more*
> *If we did not make somebody poor,*
> *And mercy no more could be*
> *If all were as happy as we.*

(Unser Mitleid gegenüber den Armen könnten wir uns sparen, wenn wir uns nicht an ihnen bereichern würden, und auch auf Barmherzigkeit könnten wir verzichten, wenn alle so glücklich wären wie wir.)

Hatten also die skeptischen Anhänger von Hobbes recht, in deren Augen Freundlichkeit nichts anderes war als kaschierte Selbstsucht?

Die Einstellung der Aufklärer zur Freundlichkeit brachte ein Dilemma zum Vorschein, das den Kern des abendländischen Verhältnisses zur Natur des Menschen betraf. Freundlichkeit galt über viele Jahrhunderte, noch vor dem Beginn der Moderne bis in die Epoche der Aufklärung hinein als Lösung eines spezifischen Problems, nämlich das der Mitmenschen. Das Selbst und die Anderen wurden als getrennte Einheiten angesehen, und Freundlichkeit hatte die Funktion einer Brücke zwischen diesen Einheiten, die die Ansprüche des Einzelnen mit Rücksicht auf die Anderen modifizierte, also zur Verbreitung von Wohlwollen und sozialer Solidarität beitrug. Der Freundlichkeit als einer Eigenschaft des Individuums war es allerdings nie möglich, aus dem Gefängnis des Ego hinauszugelangen. Als Eigenschaft eines vereinsamten Selbst (eines isolierten, insel-[I-Land] gleichen Wesens also) musste Freundlichkeit zwangsläufig eine Emotion mit begrenzter Reichweite bleiben, die in ständiger Gefahr war, zur Attitüde zu verkommen, einer Attitüde, die der Essayist und Historiker Thomas Carlyle später als die »chaotisch schäumende Woge mildtätiger Sentimentalität« verspottete.

Es gab allerdings unter den Aufklärern noch eine zweite Auffassung von Freundlichkeit, und sie entkam diesem Dilemma, indem sie das Selbst und die Anderen von vornherein in gegenseitige Abhängigkeit voneinander stellte. Das Selbst war dieser Tradition zufolge nicht isoliert, sondern wesentlich sozial ausgerichtet, es konstituierte sich erst durch seine freundlichen Bezüge zu Anderen. Diese Auffassung von Freundlichkeit, angereichert und vertieft durch psychoanalytische Erkenntnisse, steht im Zentrum unseres Buches. Sie entstand aus der Vorstellung von Sympathie, die eine Gruppe schottischer Philosophen (vor allem David Hume und Adam Smith) entwickelte, vor allem aber von dem wohl wichtigsten Theoretiker der Freundlichkeit und Mitmenschlichkeit im abendländischen Denken: Jean-Jacques Rousseau, einem der feurigsten Geister der Aufklärung.

* * *

Unter »Sympathie« verstehen wir heute Zuneigung oder auch Mitgefühl. Im gesamten 18. und über weite Abschnitte des 19. Jahrhunderts meinte man damit aber sehr viel mehr: Der Begriff bezog sich darauf, dass Menschen Gefühle teilen – ja dass sie wortwörtlich und übertragen »zusammen oder gemeinsam fühlen«. Philosophen des Egoismus wie Hobbes sahen das Individuum ebenso wie Vertreter der Benevolisten, etwa Shaftesbury, als eine in sich abgeschlossene Welt, wohingegen die Verfechter des Sympathie-Gedankens von einer emotionalen Verbundenheit ausgingen, aufgrund derer sich das Gefühlsleben eines Individuums unter dem direkten Einfluss der Gefühle seiner Mitmenschen entwickelt. Subjektivität war interpersonal, und eben dies war die Voraussetzung für Freundlichkeit. In seinem *Traktat über die menschliche Natur* (1739-1740) verglich David Hume die Übermittlung von zwischenmenschlichen Gefühlen mit der Vibration der Saiten auf einer Violine: Jedes Individuum schwingt mit den Freuden und Leiden seiner Mitmenschen mit, als wären es seine eigenen. Wir sind »aus uns selbst herausgenommen« in die emotionale Welt Anderer hinein, schrieb Hume; bei Adam Smith heißt es in der *Theorie der ethischen Gefühle* (1759): »... in gewisser Weise werden wir diese selbe Person ... das ist die Quelle für unsere Sympathie.« Die Vertreter eines psychologischen Egoismus behaupteten, Sympathie sei nur ein Ableger des Selbstbezugs, erwachsen aus der Furcht, dass das, was einem Anderen widerfährt, auch uns selbst widerfahren könnte. Dem widersprach Smith: Er betrachtete Sympathie als die imaginative Projektion des eigenen Selbst in den Anderen: Wir »betreten sozusagen seinen Körper«. Dem Hinweis der Egoisten, dass auch das wieder nur eine komplexere Form der Selbstsucht sei, hielt Smith entgegen: Wie kann ein Gefühl als selbstsüchtig eingestuft werden, das »sich nicht im Geringsten auf mich bezieht«, sondern »ausschließlich von dem eingenommen ist, was dich betrifft«? Wer den egoistischen Standpunkt einnimmt, hat nach Smith nur eine »unklare« Vorstellung von der menschlichen Natur.

Das mitfühlende Selbst griff weit über sich hinaus, und das Glück der Anderen bildete die notwendige Bedingung für sein eigenes Wohlbefinden. Sympathie wurde zum Prüfstein für Menschlichkeit; ein Mensch, der nicht zur sympathetischen Symbiose mit seinen Mitmenschen fähig war, galt als inhumanes Monstrum. In der Epoche der Aufklärung vertraten zahlreiche Philosophen ähnliche Ideen, doch erst

Jean-Jacques Rousseau sollte sie zu einer Psychologie der Freundlichkeit von bislang ungekannter Komplexität und Wirkung umformen.

Auf den ersten Blick scheint Rousseau als Prophet der Freundlichkeit denkbar ungeeignet. Als streitsüchtig galt er, eigenbrötlerisch und bekanntermaßen dauernd mit sich selbst beschäftigt. »Sich selbst bedeutet er alles«, schrieb er über sich, »es gab noch nie einen Menschen, der weniger Interesse an Dingen gehabt hätte, die nicht direkt mit ihm zu tun hatten.« Was jedoch bei anderen Menschen in geistlosen Egoismus abgleiten würde, entwickelte sich bei Rousseau zu einer geradezu kriminalistischen Faszination für sein persönliches Innenleben, die ihm außerordentliche Einsichten ermöglichte. Er besaß eine immense Fähigkeit zur Faszination, und alles, womit er in Berührung kam, erregte seine Neugier. Jede Erfahrung, jede noch so flüchtige Begegnung wurde nach ihrer Bedeutung und ihrem verborgenen Sinn abgeklopft. Es gab keine Beziehung – auch nicht zu sich selbst –, die dieser Inquisition nicht unterworfen worden wäre.

Rousseaus Antrieb war der Schmerz. Andere Menschen blieben für ihn immer ein leidvolles Rätsel. In seinen *Bekenntnissen* (1782–1789) beschrieb er sich selbst als einen Charakter, der aufgrund seiner liebevollen Veranlagung extrem anfällig für Gleichgültigkeit und Grausamkeit sei. Narzissmus war die Haltung, in die er sich vor dem Schmerz flüchtete.

Freud schrieb viele Jahre später: »Niemals sind wir ungeschützter gegen das Leiden, als wenn wir lieben.« Rousseau aber war der Erste, der diese Verwundbarkeit, die er so intensiv empfand, bis ins Letzte analysierte. »All mein Missgeschick rührt von meinem dringenden Bedürfnis her, mich von Herzen mit jemandem zu verbinden ... Nur wenn ich allein bin, bin ich Herr meiner selbst.« Gegen Ende seines Lebens, nach Jahrzehnten voller Enttäuschungen und Elend, schien der einzig gangbare Weg für ihn die Isolation zu sein, eine alles andere als glückliche Wahl, hing das menschliche Glück doch wesentlich von der Gemeinschaft ab: »Man fühlt sich nie wirklich wohl, wenn kein Anderer bei einem ist.«

Dass der Mensch andere Menschen braucht, ist nichts Neues, doch für Rousseau ging diese Abhängigkeit weit über Freundschaft oder gar Liebe hinaus, sie reichte bis hinein in den Prozess, durch den der Mensch sich erst zum Menschen entwickelte. Rousseau war überzeugt, dass Menschen nicht geboren, sondern gemacht werden. Jedes Individuum umfasse zahlreiche Potentiale, deren Verwirklichung von der aktiven Mitgestaltung anderer Menschen abhänge. Die Entwicklung des Selbst sei ein sozialer Prozess, Selbstgenügsamkeit daher ein Ding der Unmöglichkeit. Oft genug sehnte sich Rousseau nach einem Zustand, in dem dieser Zusammenhang nicht gilt: Zu seinen Lieblingsbüchern gehörte *Robinson Crusoe*, und er träumte davon, allen Schmerzen und Unsicherheiten des sozialen Daseins durch eine inselgleiche Isolation enthoben zu sein. Seine Schriften aber dokumentieren mit außerordentlicher Klarheit, wie sehr das Individuum von seinen emotionalen Bindungen geprägt wird. »Unser Dasein ist am erfülltesten, wenn wir in gemeinschaftlichen Beziehungen stehen, und unser wahres *Selbst* befindet sich gar nicht zur Gänze in unserem Inneren.« Der Schlüssel zu dieser kollektiven Existenz ist die Freundlichkeit – Rousseau handelte sie unter dem Terminus *pitié* ab, einem Wort, das zwar eher als »Mitleid« zu übersetzen ist, aber der »Sympathie« bei Hume und Smith wesentlich näher steht.

Die Gesellschaft hat einen verderblichen Einfluss auf das Individuum, so die berühmte Botschaft Rousseaus. Der Mensch kommt als offenherziges, unschuldiges Wesen auf die Welt, aber die Gesellschaft korrumpiert ihn zu einem egoistischen Ungetüm. Diese tragische Entwicklung durchzieht Rousseaus Darstellung der Freundlichkeit. Der Mensch wird mit der instinktiven und lebenswichtigen Selbstliebe *(amour de soi)* geboren, doch wenn er erst mit den unheilvollen Ungleichheiten und Rivalitäten der Gesellschaft in Kontakt kommt, verwandelt sich seine angeborene Selbstliebe in Selbstsucht, in einen »hass- und zornerfüllten« Egoismus, der auf dem neidgesteuerten Vergleich der eigenen Person mit den Anderen beruht. Ein Mensch, der unter einfachen und natürlichen Bedingungen aufwächst, empfindet später Zuneigung zu sich selbst und zu allen Menschen seiner Umgebung, besonders zu denen, die sich ihm gegenüber freundlich verhalten. Der Mensch in der Gesellschaft jedoch, der Welt-Mensch, ist voll »grausamer, abscheulicher Leidenschaften«, die »das Herz zusammenschnüren und den Quell des menschlichen Ich versiegen lassen«. Alle Menschen kommen nackt und verletzlich auf die Welt; alle müssen sterben. Der natürliche Mensch, der ein Gespür dafür hat, wie sehr er mit seinen Mitmenschen eins ist, kann ihnen auch mit Sympathie begegnen. Sein »großes Herz« öffnet sich für sie; er leidet, wenn sie leiden, und weint über ihre Schmerzen. Dem Menschen in der Gesellschaft dagegen geht es nur noch um Macht, und dieser Ehrgeiz führt dazu, dass seine *pitié* verkümmert.

Ist ein solcher Niedergang unvermeidlich? Rousseau vermittelt durchaus diesen Eindruck. In seinen frühen Schriften bezeichnete er die *pitié* als einen Ur-Instinkt, der verschwand, sobald das Individuum dem Zivilisierungsprozess unterzogen wurde. Nur Mütter, kleine Kinder und unzivilisierte Menschen (»Wilde«) verloren dieses Gefühl nicht. Der Erziehungsroman *Émile* allerdings, der später (1762) entstand, vermittelt eine hoffnungsvollere, wenngleich kompliziertere Sicht auf den Menschen.

Émile, im 18. Jahrhundert das berühmteste Werk über Kindheit, handelt von der Entwicklung eines Knaben. Dieser wird dazu erzogen, seinen natürlichen Neigungen zu folgen und nicht den gesellschaftlichen Konventionen. Freundlichkeit ist das maßgebliche Erziehungsideal. Die Vorstellung, Kinder seien von Natur aus freundlich, war im 18. Jahrhundert keineswegs selbstverständlich. Christliche Dogmatiker hielten Kinder für durch und durch egoistische Wesen, ein Zustand, aus dem sie nur durch Gottes Gnade erlöst werden konnten; Philosophen der Aufklärung wie John Locke übernahmen diese Auffassung. »Wir erleben«, heißt es bei Locke, »wie Kinder, kaum sind sie auf der Welt, schreien, reizbar werden, trotzig, schlechtgelaunt, und es geht ihnen nur darum, ihren *Willen* durchzusetzen. Sie fordern, dass man tut, was sie verlangen, ... und sie genießen die Macht, die ihnen dadurch scheinbar zukommt.« Diese Auffassung wies Rousseau in *Émile* mit aller Schärfe zurück: Der kindliche Egoismus, den Locke beschrieb, sei nicht angeboren, sondern von der Gesellschaft vermittelt. Kinder »sind von Natur aus gutherzige Wesen«, doch die Gesellschaft erstickt diese angeborene Gabe und ersetzt sie durch konkurrenzorientierten Egoismus. Allerdings muss sich jedes Kind in die Gesellschaft integrieren: Wie also ist es möglich, die natürliche Freundlichkeit zu bewahren?

Rousseaus Antwort lautet, diese natürliche Freundlichkeit zu bewahren sei schwierig, und die überragende Bedeutung seines Werks liegt genau darin, dass er diese Schwierigkeit akribisch analysiert hat. Im *Émile* werden die Gefährdungen der Freundlichkeit mit den Gefährdungen der Person gleichgesetzt. Rousseau zeigt, dass das Selbst in den Beziehungen mit Anderen geformt wird, und *pitié,* die Mitmenschlichkeit, ist der Motor dieses Prozesses.

Rousseau schildert, wie *pitié* sich in zwei Phasen entwickelt: von einer vorpubertären, instinktgeleiteten Phase zu einer Phase, in der die Beziehungen zu anderen Menschen ins Zentrum rücken, beginnend mit der Pubertät. Als Kind empfindet Émile instinktive *pitié* für seine Eltern und andere Personen, die sich um ihn kümmern. Diese ist »rein mechanisch«, ein automatischer Reflex seiner auf Selbsterhaltung zielenden Triebe *(amour de soi).* Er lebt zwar mit anderen Menschen zusammen, doch mit seiner Seele ist er allein, weil er seine Familie nicht als denkende und fühlende Wesen wie sich selbst wahrnimmt, sondern ausschließlich als Werkzeug zur Erfüllung seiner Bedürfnisse. Seine *pitié* ist nur eine Ausfaltung seiner Selbstliebe. Sein Vorstellungsvermögen ist noch nicht erwacht, andere Menschen sind für ihn lediglich mehr oder weniger nützliche Gegenstände. »Er liebt seine Schwester, wie er seine Uhr liebt.«

Émile nimmt die Menschen um sich herum nicht wahr, und ebenso wenig hat er ein Bewusstsein von sich selbst: »Er sieht sich nicht als Wesen mit einem bestimmten Geschlecht, das einer bestimmten Gattung zugehört.« Das vorpubertäre Kind lebt im Hinblick auf seine Geschlechtlichkeit in einer »natürlichen Unwissenheit«; es weiß nichts von den Leidenschaften, die später die Unterschiede zwischen den Geschlechtern zu einer so immens wichtigen Angelegenheit machen. »Männer und Frauen sind für ihn gleichermaßen fremd.« Seine Phantasie ist noch untätig, erwachsene Interaktionen bedeuten ihm nichts. Das ändert sich jedoch mit dem Eintreten der Pubertät grundlegend. Nun wird sein Vorstellungsvermögen durch erotische Empfindungen aktiviert, und damit vollzieht sich auch ein Ansturm »sozialer Gefühle«. *Pitié* geht in die relationale Phase über.

> *Das Kind, das sich nicht vorstellen kann, was andere fühlen, kennt keine Leiden außer seinen eigenen; wenn jedoch die Entwicklung der Sinne das Feuer der Vorstellungskraft entfacht, beginnt der Heranwachsende, sich in andere hineinzufühlen, er wird von ihren Bedürfnissen bewegt und empfindet ihre Leiden mit. In dieser Phase wird sich das traurige Panorama menschlichen Leids vor ihm auftun und in seinem Herzen zum ersten Mal das Gefühl des Mitleids wachrufen, das er bisher nicht kannte.*

Wenn das Vorstellungsvermögen des Jugendlichen erwacht, öffnet sich seine innere Welt für andere Menschen. Es entsteht das Bewusstsein für die Zugehörigkeit zur Gattung Mensch – und damit *pitié* in ihrer voll entwickelten, nur dem Menschen eigenen Form. Tiere empfinden zwar instinktives Mitleid (»es ist so natürlich, dass selbst die wildesten Tiere Anzeichen davon erkennen lassen«), doch nur beim Menschen bedarf es der Phantasie, um das Mitleid zu aktivieren. Denn nur bei ihm vollzieht sich Mitleid derart, dass sich ein Selbst mittels seiner Imagination in den Anderen »transportiert«, also hineinversetzt. »Wenn wir uns durch Mitleid bewegen lassen, was geschieht dann anderes, als dass wir uns aus uns selbst herausnehmen und uns mit dem Leidenden identifizieren, indem wir sozusagen zulassen, dass unser Wesen sein Wesen annimmt?« Vorstellungsvermögen und Mitleid ersetzen den kindlich-narzisstischen Kokon durch das auf andere ausgerichtete, aus Begehren und Phantasie geborene Selbst. Das »ausgreifende Herz« findet sich »überall außerhalb seiner selbst«, also in anderen Menschen, deren fragile Menschlichkeit seine eigene in Erinnerung rufen. Die Subjektivität involviert andere Subjekte, wenn sich kindliche Selbstliebe zu einer sozialen »Sensibilität« entwickelt, die weder bloßer Instinkt noch eine Frage der Weltanschauung ist, sondern eine Bedingung dafür, dass der Mensch sich zu einer Person im vollen Sinn des Wortes entwickeln kann.

Pitié ist die Geburtshelferin des wahren Selbst. Der Mensch, wie Hobbes ihn skizziert, der »nur sich selbst fühlt«, ist in Wahrheit kein Mensch, sondern eine Bestie. Rousseau war allerdings keinesfalls ein weltfremder Schwärmer. Sein Émile entdeckt recht schnell, dass Freundlichkeit nicht die einzige Art ist, wie Menschen aufeinander reagieren: Sind sie doch zutiefst ambivalente Wesen, deren Vermögen, sich in andere einzufühlen, nicht notwendig dazu führt, dass sie sich »liebevoll und freundlich« verhalten, sondern durchaus auch Hass und Grausamkeit hervorruft. »Es fällt dem menschlichen Herzen schwer, sich in Andere hineinzuversetzen, die glücklicher sind als wir selbst.« Rousseau konstatiert, glücklichere Menschen erregten eher Neid als Sympathie – wenn wir uns mit unseren Mitmenschen identifizieren sollen, spielt also die Erkenntnis, dass sie denselben Übeln ausgesetzt sind wie wir, eine folgenreiche Rolle. Auch einen anderen Menschen zu begehren, besonders wenn es um die Liebe zwischen Mann und Frau geht, steht der Entfaltung von Freundlichkeit häufig im Weg, vor allem, wenn die begehrte Person unserem Werben abgeneigt ist. Die hilflose Abhängigkeit eines verschmähten Liebhabers von dem geliebten Menschen kann Wut und Hass auslösen. (Für die Psychologen nach Freud wurde diese enge Verbindung zwischen erotischem Begehren und Aggression später zum beliebten Thema.) Aber die größte Gefahr bei der Identifikation mit anderen Menschen besteht darin, dass man sie nicht mehr als vom Selbst abgetrennte Wesen wahrnimmt. Wir müssen die Leiden der Anderen als ihre und nicht als unsere Leiden empfinden, wenn wir das Bewusstsein ihres Andersseins aufrechterhalten wollen. Rousseau erklärt:

> *Émile teilt das Leiden seiner Mit-Geschöpfe, doch liegt dem seine eigene freie Entscheidung zugrunde, und daher erfüllt es ihn mit einer Art Genuss. Er genießt gleichzeitig das Mitleid, das er für den Schmerz der Anderen empfindet, und die Freude, von diesem Schmerz nicht selbst direkt betroffen zu sein; er fühlt in sich die Kraft, die uns über uns selbst hinausführt und uns einlädt, die verschwenderische Fülle unseres Wohlbefindens außerhalb unseres Selbst einzubringen. Um das Leid eines Anderen mitempfinden zu können, müssen wir ihn kennen, aber wir brauchen ihn nicht zu fühlen.*

Émile entwickelt sich zu einer ausgereiften Person, indem er sich innerlich mit seinen Mitmenschen identifiziert. Alle Beteiligten bleiben aber eigene, von seiner Wesenssphäre getrennte Individuen. Dank Émiles Vitalität bleibt die Grenze zwischen dem Selbst und den Anderen aufrechterhalten, während seine Phantasie die Kluft überwindet. Er »genießt« das Gefühl des Mitleids mit den Anderen, weil es ihm seine eigene Lebendigkeit bewusst macht. Notwendiger Bestandteil dieses komplexen, faszinierenden Prozesses ist Rousseaus Prämisse, die Fähigkeit eines Menschen zur Freundlichkeit beruhe auf der Stärke seines *amour de soi*, seiner gesunden Selbstliebe. Nur dem Kind, das sich eines ungebrochenen Wohlbefindens erfreut, wird daran gelegen sein, dieses Befinden und die damit verbundene Lebensfreude auch auf Andere auszudehnen. Nur ein starkes Kind mit einem positiven Selbstverhältnis kann Mitleid mit Anderen empfinden, ohne von ihrem Schmerz so überwältigt zu werden, dass seine Gefühle in Hass umschlagen.

Der im Einklang mit der Natur erzogene Knabe Émile ist ein solches Kind – wenngleich auch nur eine Fiktion, ein Produkt der Rousseau'schen Phantasie. Kann es einen solchen Knaben tatsächlich geben? Rousseau beschreibt Émiles Egoismus als warm und großherzig, doch in der Wirklichkeit, wie Rousseau sie sah, war der menschliche Egoismus eine äußerst kalte Angelegenheit. Ein erbarmungsloses Konkurrenzdenken prägte die modernen, der Natur entfremdeten Menschen bis ins Innerste – die unter diesen Umständen nicht nur ihre Freundlichkeit, sondern sich selbst verloren hatten. »Sie können sich nicht selbst lieben; sie können lediglich das hassen, was sie nicht selbst sind.«

Keine sehr optimistische Sichtweise also, die dennoch von tiefer psychologischer Einsicht zeugt und bleibende Bedeutung hat; und sie gewann in den letzten Jahren des 18. Jahrhunderts dann sehr großen, ja revolutionären Einfluss.

* * *

Rousseau war radikal, er identifizierte sich nachdrücklich mit den Machtlosen, den Erniedrigten und Entwürdigten. Ein Émile war er jedoch nicht.

Trotz seines großspurigen Auftretens war er ein zutiefst unsicherer Mensch, der während seines ganzen Lebens immer wieder unglaubliche Hartherzigkeit an den Tag legte: So brachte er alle seine fünf Kinder im Findelhaus unter, weil die Familie seiner Frau, so behauptete er, sonst einen schädlichen Einfluss auf die Kinder gehabt hätte. Dennoch blieb er für Generationen von Lesern der bedeutendste Verkünder der Mitmenschlichkeit in seiner Epoche. Radikale Politiker feierten ihn als »göttlichen« Philosophen. Sein Engagement für das »Gute in seinen Mitmenschen« inspiriere, wie Maximilien Robespierre es formulierte, alle Freunde der Menschheit. Zehn Jahre vor Ausbruch der Französischen Revolution starb Rousseau; mit ihrem Beginn stieg sein Ruhm schlagartig an. Die führenden Köpfe der Revolution hofften in seinen Schriften Anweisungen zur Errichtung der idealen Gesellschaft zu entdecken. Allenthalben wurden Lobgesänge auf seine Tugendhaftigkeit und seine Großzügigkeit verfasst; Rousseau wurde regelrecht zum Kultautor. Konservative Politiker bezeichneten ihn gleichzeitig als scheinheiligen Heuchler; er propagiere das Prinzip der Menschenliebe, während er seine Freunde schamlos ausnutze und seine Familie misshandele. Mitte der 1790er-Jahre war Rousseau zur Ikone revolutionärer Mitmenschlichkeit geworden, der für seine Philosophie der »Zärtlichkeit« gleichermaßen geliebt und gehasst wurde.

Diese Verklärung eines verschrobenen, ichbezogenen Genies zum Symbol radikaler Mildtätigkeit war symptomatisch für diese Epoche. Gutherzigkeit hatte schon seit jeher einen Aspekt von Subversion; und dieses Potential explodierte Ende des 18. Jahrhunderts. Die Diskussion um Freundlichkeit wurde zum Schlachtfeld politischer Meinungen, als radikale Politiker in ganz Europa »universale Mildtätigkeit« zum emotionalen Grundstein einer republikanischen Demokratie erklärten, während sie von konservativer Seite wegen ihres philanthropischen Extremismus angegriffen wurden. Selbst innerhalb der Kirchen rang man mit diesem Problem: Sozial eingestellte, später auch linksgerichtete Kleriker riefen alle Menschen guten Willens dazu auf, sich die Prinzipien der Revolution zu eigen zu machen. Ihre Gegner vom rechten Flügel wiederum bewog dies zur bissig-bösartigen Bemerkung, »soziale Liebe« sei »schädlicher für die Gesellschaft als offene Kriegsführung«. »Bruderliebe darf sich nur auf Brüder beziehen«, erklärte ein englischer Bischof. Man beschwor die Menschen, prinzipiell ihre althergebrachten Bindungen – an ihre Familie, ihre soziale Klasse und die Nation – der allgemeinen Menschenliebe vorzuordnen. Das Glück *aller* Menschen herbeiführen kann nur Gott allein, so wurde ihnen eingeschärft. Die revolutionären Verfechter der Mildtätigkeit mit ihren »verrückten demokratischen Programmen« seien dazu ganz bestimmt nicht in der Lage.

Eine Zeitlang hatte es jedoch ganz den Anschein, als sei den Benevolisten oder »Gutmenschen« durchaus Erfolg beschieden. In den frühen, rauschhaften Jahren der Revolution sah es für viele so aus, als entstünde tatsächlich eine freundlichere Welt. Aber diese Träume zerplatzten schnell, als der Absturz in den Terror einsetzte. Die Konservativen triumphierten: Die ehemaligen Apostel der Bruderliebe zerfleischten sich scharenweise unter der Guillotine. Viele fortschrittlich gesinnte Geister außerhalb Frankreichs wandten sich bestürzt und angeekelt von diesem makabren Schauspiel ab. Das Prinzip der Mitmenschlichkeit verlor seinen reformerischen Glanz, eine neue Welle des philosophisch begründeten Egoismus breitete sich in intellektuellen Kreisen aus. Ökonomen, die zuvor versucht hatten, wirtschaftliches Handeln als altruistische Aktivität zu interpretieren, konnten sich nun wieder offen für den Wert des ungezügelten Eigeninteresses aussprechen. Christliche *caritas* wurde auf philanthropische Aktivitäten zurückgestutzt, mit denen man die »bedürftigen Armen« unterstützte und gleichzeitig dafür sorgte, dass es das einfache Volk nicht an Gehorsam und Unterwürfigkeit fehlen ließ. Angehörigen der Unterschicht schärfte man ein, es sei ein Privileg und keinesfalls ein Recht, von seinem Herrn freundlich behandelt zu werden.

1798, in dem Jahr, da die Revolution fast alle ihre Kinder gefressen hatte und sich ihrem Ende zuneigte, veröffentlichte der Ökonom Thomas Malthus seinen *Essay on the Priniciple of Population (Das Bevölkerungsgesetz)*, einen der einflussreichsten Texte der Moderne. Jede Gesellschaft, so Malthus, die sich vom Prinzip der Mildtätigkeit leiten ließe, müsse in Elend und Armut enden. Menschliche Wesen pflanzten sich so schnell fort, wie ihr Einkommen es ihnen erlaube, und daher sei jeder Versuch, den Allgemeinzustand einer Gesellschaft zu verbessern, von vornherein zum Scheitern verurteilt. Die Abschaffung von Armut und Ungleichheit führe zu Überbevölkerung und Knappheit. Staatlich geförderte Wohltätigkeit wie die Armengesetze, die den Arbeitslosen Unterstützung zusichern, ermuntere die Armen nur dazu, noch mehr Nachkommen zu zeugen. Auch wenn, wie Malthus zugesteht, Wohltätigkeit vielleicht »eine der vornehmsten Eigenschaften des menschlichen Herzens« darstellt, sei doch der eigentliche Motor menschlichen Fortschritts der Egoismus. »Dem offensichtlich engherzigen Prinzip der Selbstliebe verdanken wir die bedeutendsten Anstrengungen des menschlichen Geistes ... um all die Ziele, die den zivilisierten Menschen vom Wilden unterscheiden; und es gibt in der Natur des zivilisierten Menschen bislang keine Veränderung, die uns zu der Annahme berechtigt, dass er ... die Leiter, die ihm zu seiner Vormachtstellung verholfen hat, getrost umwerfen darf.«

Die Ideologie des Freien Marktes trug dazu bei, dass dieses Argument rasch an Einfluss gewann.

Fortschrittlichere Köpfe setzten sich für ein »aufgeklärtes Selbst-Interesse« – und damit auch die Abschaffung der Armengesetze – ein; die Verfechter von Freundlichkeit und Mitmenschlichkeit sahen sich hoffnungslos in die Defensive gedrängt.

Der klassische Konflikt zwischen Mitmenschlichkeit und Egoismus war also zu Beginn des 19. Jahrhunderts klar zugunsten des Egoismus entschieden. Ein rücksichtsloser Kapitalismus im Dienst der herrschenden gegenrevolutionären Strömungen beraubte die Freundlichkeit ihrer hohen moralischen Bedeutung. Mehr und mehr wurde sie von einem universell gültigen Imperativ auf ein Vorrecht bestimmter sozialer Kreise eingeschränkt: romantische Dichter, Geistliche, Mitarbeiter von Wohlfahrtsorganisationen und allen voran auf die Frauen. Denn daran hatte auch der Ansturm des Egoismus nichts geändert, dass die Vorstellung von der angeborenen Weichherzigkeit der Frau allgemein verbreitet blieb. Gegen Ende des 19. Jahrhunderts war die Feminisierung der Freundlichkeit weitgehend abgeschlossen: Seither gehört sie ausschließlich zum klar abgegrenzten Bereich typisch weiblicher Gefühle und Haltungen, und dort ist sie mit einigen wenigen bemerkenswerten Ausnahmen bis heute verblieben.

Die geschlechtsspezifische Zuordnung der Freundlichkeit war nichts Neues. Wie alle anderen Gefühle und Haltungen warf Freundlichkeit die schwierige Frage auf, welche Gefühle welchem Geschlecht angemessen seien. Schon in der Antike äußerten Verfechter der Freundlichkeit die Befürchtung, dass durch ein zu großes Ausmaß an Mitgefühl die männliche Würde untergraben werden könnte. Man befürwortete Herzlichkeit und Einfühlsamkeit in Maßen, doch es galt als weibliche Schwäche, sich von der Sorge um Andere überwältigen zu lassen. Frauen als das gefühlsbetonte, verstandesferne Geschlecht neigten zum Übermaß, wenn es darum ging, sich in andere Menschen einzufühlen. Im Gegensatz dazu wurde von den dominanten Männern erwartet, dass sie sich um Selbstbeherrschung bemühten. »Sich dem Gefühl des Mitleids hinzugeben ist eine Folgewirkung von Umgänglichkeit, Milde und Sanftheit«, erklärte Michel de Montaigne in seinen *Essais*, »daher sind schwächere Naturen wie Frauen dafür auch eher anfällig.«

Sich der Freundlichkeit »hinzugeben« war also eigentlich ein Zeichen weiblicher Schwäche. Diese eher abschätzige Assoziation von Frauen mit Güte setzte sich in der Moderne fort. Allerdings idealisierte die jüdisch-christliche Tradition daneben die Mutterliebe als Inbegriff natürlicher Warmherzigkeit – ein Thema, das im abendländischen Denken eine so bedeutende Rolle spielt, dass sogar überzeugte Advokaten des Egoismus sich für sie erwärmen können: »Denn wer kann an den Gefühlen einer Mutter für ihr hilfloses Kind zweifeln?«, schrieb Hobbes und fährt fort: »Kein Herz schlägt zärtlicher als ihres.« In der Aufklärung erhielten diese Ideen noch einen pseudowissenschaftlichen Anstrich: Studien zum weiblichen Charakter schienen zu belegen, dass Frauen sich auf die Bedürfnisse und Gefühle ihrer Mitmenschen viel tiefer und instinktsicherer einstellen können als Männer. Diese intuitive Menschlichkeit der Frauen, verbunden mit einer generellen Idealisierung mütterlichen Mitgefühls, wurde zu einem Leitmotiv aufgeklärten Denkens. In der Debatte um Geschlechterrollen führte man neue Unterscheidungen ein: Männern wurden edlere Varianten des Wohlwollens wie Großherzigkeit oder soziale Gesinnung zugeschrieben, den Frauen demgegenüber die spontanunreflektierten Gesten der Freundlichkeit. Haltbar ist diese Unterscheidung natürlich keineswegs; dennoch taten die Philosophen alles, um sie stützen. Selbst Rousseau stellte Émiles *pitié*, die seinem Vorstellungsvermögen entsprang und sein Selbst erweitern sollte, die *pitié* gegenüber, die – primitiv und instinktgeleitet – sich an Müttern, Kleinkindern und Wilden beobachten ließ. »Wilde«, also Angehörige nicht weißer Rassen, wurden zur Zeit Rousseaus noch generell als freundlich-ursprüngliche Kreaturen angesehen. Erst als die westlichen Nationen im frühen 19. Jahrhundert gezwungen waren, den kolonialen Sklavenhandel zu rechtfertigen, schlug dieses Bild schlagartig um: Nun entpuppte sich der edle Wilde als kaltblütig-aggressives Monster.

Diese Degradierung blieb dem hochgerühmten weiblichen Einfühlungsvermögen natürlich erspart, es wurde ganz im Gegenteil nachgerade zu einer fixen Idee, einem Leitmotiv, einem Gespenst dieser Epoche: Um das viktorianische Ideal vom »Engel im Haus« etablierte sich ein Kult weiblicher Freundlichkeit. Abgeschoben in die private Rolle des »Heimchens am Herd« dienten Frauen als Gefühlsdeponien der Selbstlosigkeit, die aus dem hektisch-wettbewerbsorientierten Getriebe der männlichen Gesellschaft ausgesondert zu bleiben hatten. Freundlichkeit und Menschlichkeit wurden fest im weiblichen Herzen eingeschlossen, weltenfern von Chefetagen und anderen Schlachtfeldern. Sie entwickelten sich zu besonders hochgehaltenen weiblichen Merkmalen, ähnlich wie Tugendhaftigkeit und Keuschheit – und waren gesellschaftlich auch genauso irrelevant.

Diese Idealisierung umfasste alle ehrenhaften Frauen, mit seltenen Ausnahmen auch die weniger ehrenhaften, wie etwa die populärliterarische Figur der Hure mit dem großen Herzen (bekannteste Beispiele: Belle Watling aus *Vom Winde verweht* und *Die Kameliendame – La Traviata* von Alexandre Dumas bzw. Giuseppe Verdi, A. d. Ü.). Der unerschütterliche Inbegriff von Freundlichkeit war und blieb jedoch die Mutter. Im unzertrennbaren Band zwischen Mutter und Kind manifestierte sich Herzensgüte in Reinkultur.

Und welche Rolle spielte das Kind in dieser Modell-Dyade? Erneut machte sich hier Rousseaus Einfluss energisch bemerkbar und bewirkte am Ende des 18. Jahrhunderts die Entdeckung der Kindheit und die radikale Umdeutung des Kindes: War es ursprünglich wie jedes menschliche Wesen mit dem unaufhebbaren Makel der Erbsünde behaftet – eine für das Christentum verbindliche Vorstellung –, so wurde eben dieses sündige Kind nun von seinem Alter Ego, dem unschuldigen Engel abgelöst. Dieses Wesen skizzierte man nach Rousseau stark vereinfacht als instinktiv großherzig, frei von allen egoistischen Rivalitäten der Erwachsenen – ein unbeflecktes Idealbild, das säkularisierte Jesuskind. Zahlreiche Romanciers und Dichter des 19. Jahrhunderts rühmten und besangen die Aufgeschlossenheit der Kindheit, diese »Saatzeit der Seele«, so William Wordsworth, wenn die angeborene Zuneigung noch ungehindert von den Einschränkungen der kruden Realität fließen kann. Das Verkümmern dieser Großherzigkeit unter dem schädlichen Einfluss selbstsüchtiger Erwachsener wurde zum entscheidenden Merkmal der korrupten Moderne. In zahlreichen Romanen des viktorianischen Zeitalters wurden die »warmen jungen Herzen« der Kinder (so die Formulierung von Charles Dickens) in einer grausamen Gesellschaft als letztes Refugium der Freundlichkeit dargestellt, eine vorwurfsvolle Mahnung für die erwachsenen Leser an einen »Himmel, der ihnen verloren ging«.

Autobiografische Schriften prominenter Viktorianer griffen dieses Thema auf und stellten den hohen Stellenwert der Freundlichkeit für die Erfahrung des Kindes dar. Der einflussreiche Liberale John Stuart Mill beispielsweise schildert in seiner Autobiografie, die postum 1873 erschien, wie sehr er in seiner Kindheit unter mangelnder Herzlichkeit litt. Seine Kindheit stand unter dem unheilvollen Einfluss seines Vaters, des Utilitaristen James Mill, der zwar brüderliche Liebe predigte, seinem Sohn jedoch mit kalter Strenge begegnete. So entwickelte sich John Stuart zu einem Jugendlichen, der anderen Menschen zwar im Prinzip zugewandt und zugetan war, jedoch »echtes Wohlwollen« nicht entfalten konnte. Eine tiefe Depression überfiel ihn, als er 20 Jahre alt war. Aus ihr befreite er sich selbst mit Gedichten von Wordsworth, die ihm zu einem »entscheidend erweiterten Interesse an den Gefühlen und dem Schicksal der Menschen« verhalfen. Seine spätere Beziehung und Ehe mit Harriet Taylor, die für ihn der Inbegriff von Großherzigkeit war, vollendete seine Entwicklung, und er wurde zum Verfechter des »Altruismus«. Diesen Begriff prägte der französische Philosoph Auguste Comte in den 1850er Jahren; er entwickelte eine komplexe Theorie des Wohlwollens als einer neurologischen Funktion. (Weitere einflussreiche Anhänger des Comte'schen Altruismus waren die Schriftstellerinnen George Eliot und Harriet Martineau sowie der Philosoph Henry Sidgwick.) Als Mill sich dem Altruismus zuwandte, änderten sich seine politischen Überzeugungen von Grund auf, und er kehrte dem Liberalismus zugunsten des

Sozialismus den Rücken: »Der Egoismus, wie er die heutige Gesellschaft zuinnerst prägt«, bemerkte er zum kapitalistischen Wirtschaftssystem, »ist nur deswegen so tief verwurzelt, weil sämtliche bestehenden Institutionen geneigt sind, ihn zu stützen.«

John Stuart Mill war nur eine unter zahlreichen Persönlichkeiten, die angesichts des übermächtig werdenden Individualismus im viktorianischen Zeitalter vehement für die Mitmenschlichkeit eintraten. In der gesamten zweiten Hälfte des 19. Jahrhunderts setzten sich viele religiöse und säkulare Moralisten – Altruisten, Humanisten, christliche Sozialisten – für die Überwindung des »Prinzips der Selbstsucht« zugunsten eines »sozialen Prinzips« ein.

Die intellektuellen Kreise dieser Zeit hatten sich zum großen Teil vom christlichen Glauben verabschiedet, und so vertraten die Anhänger Comtes eine Religion der Humanität, die sich ohne abergläubischen Überbau um das hohe Ideal der Bruderliebe herum bildete. Die Wirtschaftspolitik eines Malthus, der ›Thatcherismus‹ jener Jahre, war für die Benevolisten ein rotes Tuch, und sie verurteilten ihn wegen seines mechanischen Umgangs mit menschlichen Belangen und seiner erbarmungslosen Haltung gegenüber den mittellosen und verwundbaren Mitgliedern der Gesellschaft mit aller Schärfe. Charles Dickens brandmarkte diese ideologische Wirtschaftspolitik in seinem Roman *Harte Zeiten* als verkappten Sadismus, und Thomas Carlyle geißelte die Merkantilisierung sämtlicher menschlicher Beziehungen: »Wie grundlegend hat sich unsere bedauernswerte Gesellschaft doch gewandelt, wenn alles, was die Menschen noch verbindet, das Geld ist!« Die »Kälte« ökonomischen Denkens wurde implizit mit Männern assoziiert und immer wieder in deutlichem Kontrast zur warmherzigen Freundlichkeit der Frauen dargestellt. Deren instinktive Bereitschaft, persönliche Interessen zugunsten der Bedürfnisse Anderer aufzuopfern, wurde von den frühen Frauenrechtlerinnen, den »Feministinnen«, wie man sie später nannte, im Ringen für das Frauenwahlrecht als ein Hauptargument angeführt: Das »intelligente Einfühlungsvermögen« der Frauen sollte ein wirkungsvolles Gegengewicht zum männlichen Egoismus bilden und eine insgesamt freundlichere und friedlichere Nation hervorbringen.

Eindrucksvoll-durchschlagende Argumente in der Tat – die dem Zeitgeist jedoch ganz und gar nicht entsprachen. Außerdem war dieser Begriff von Freundlichkeit in mehrfacher Hinsicht sehr eingeschränkt. Wie für so viele Benevolisten vor ihnen stellte für diese Männer und Frauen Freundlichkeit eine emotionale Brücke zwischen Individuen dar, die an und für sich isoliert waren. Rousseaus zentrale Erkenntnis – dass das menschliche Selbst gar nicht isoliert ist, sondern eine soziale Einheit bildet, die durch die Beziehung zu Anderen entsteht, und dass Freundlichkeit *(pitié)* wesentlicher Bestandteil menschlicher

Subjektivität ist – war aus dem Blick geraten. Gleiches galt für die Erkenntnis, dass freundliches, mitmenschliches Verhalten durchaus Genuss und Vergnügen bereiten kann; dieser Umstand wurde vergessen, weil das Christentum das Individuum auf sich selbst und sein eigenes Wohl zentrierte und von der Sorge für Andere deutlich abgrenzte. Freundlichkeit war Ende des 19. Jahrhunderts gleichbedeutend mit Selbstverleugnung, einer Haltung, die im dominierenden Egoismus dieser Jahre kaum mehr mit Zustimmung rechnen durfte – zumal sich auch die Vorstellung von Vergnügen und Genuss selbst immer mehr auf den Egoismus zubewegte und in ihm aufging. Während der Aufklärung umfasste Vergnügen eine reiche, hierarchisch geordnete Stufenleiter von Aspekten: an ihrer Spitze die Gefühle, die alle Mitmenschen einbezog, am unteren Ende die ausschließlich aufs eigene Ego zielenden Befriedigungen.

Im Laufe des 19. Jahrhunderts verengte sich jedoch das Vergnügen immer mehr und beinahe ausschließlich auf den erotischen Aspekt: Es bezog sich nicht mehr auf das mitfühlende Herz, sondern nur noch auf erregte Genitalien. Zur Sexualisierung des Vergnügens trugen viele Faktoren bei; die folgenreichste Festschreibung dieser Tendenz vollzog sich in der neu begründeten Wissenschaft der Psychoanalyse. Seit Freud und seinen Schülern wurde Vergnügen – und dazu gehörte auch das Vergnügen an der Freundlichkeit – nur noch sexuell verstanden.

Kapitel 3

Das Wirkungsfeld der Freundlichkeit

Die Psychoanalyse ist nur eine von mehreren psychologischen Denkschulen, die sich im späten 19. Jahrhundert herausbildeten. Wenn wir uns daher nun der psychoanalytischen Darstellung der Freundlichkeit und Mitmenschlichkeit zuwenden, stoßen wir selbstverständlich auf zahlreiche Anknüpfungspunkte zu älteren Vorstellungen verschiedener Prämissen des menschlichen Umgangs miteinander. Welche Art von Mitmenschlichkeit vermögen wir aufzubringen? Was sind wir einander schuldig, und was geben wir einander freiwillig? Die psychoanalytischen Überlegungen zu diesen Fragen gehen von der Diskussion aus, die Rousseau angestoßen hatte und die im 19. Jahrhundert von den Dichtern Wordsworth und Dickens, um nur zwei der berühmtesten Vertreter zu nennen, aufgegriffen wurde: der Diskussion um Gemeinschaftlichkeit als einem Ausdruck der Eltern-Kind-Bindung, insbesondere der Beziehung zwischen Müttern und ihren Kindern. Für Wordsworth, Dickens und viele andere Schriftsteller hat Freundlichkeit ihren Ursprung in den frühesten Beziehungen des Individuums. Sie ist angeboren, droht allerdings später von der Gesellschaft gehemmt und erstickt zu werden. Zu den utopisch-realitätsfernen Schlussfolgerungen gehört die Hypothese, um unsere Welt wäre es im Ganzen besser bestellt, wenn die Diskrepanz nicht so groß wäre, die zwischen der Mutter-Kind-Beziehung einerseits und andererseits in den Beziehungen der Erwachsenen untereinander klafft. Entweder bereite nämlich die naturgegebene mütterliche Zuneigung das Kind in schlechter, geradezu irreführender Art auf die Realität vor – oder wir sollten uns mit allen Mitteln dafür einsetzen, die soziale Realität dem Ideal einer funktionierenden Familie deutlicher anzunähern. Warum sind Mütter und Kinder im Umgang miteinander oft freundlicher als im Umgang mit anderen Personen? Ist es möglich, die Gesellschaft so zu verändern, dass dieser Unterschied verschwindet?

Die Psychoanalyse nimmt die ältere Diskussion zum Thema Mutter und Kind auf, fügt nun aber in ihre Darstellung der menschlichen Natur ein modernes Element ein, das zu erklären versucht, was mit der Freundlichkeit in der Entwicklung des Kindes geschieht: Sie bezieht die Sexualität in diese Entwicklung ein und kommt so zu einer veränderten Auffassung menschlicher Aggression. Freud entwickelte die Theorie – die später von dem englischen Kinderarzt und Psychoanalytiker Donald D. Winnicott weitergeführt wurde –, dass Aggression selbst eine Form von Freundlichkeit sein könne: Beruhe Aggression nicht auf Neid oder auf Rachegefühlen, die aus einer Erniedrigung resultieren, dann enthielte sie den Wunsch nach intimerem Kontakt – Aggression wäre somit eine tiefere, wenn auch erschütterte Form von Freundlichkeit. In der Psychoanalyse ist nun nicht mehr Hass der Feind der Freundlichkeit, sondern falsche Sentimentalität und Nostalgie. Generell geht man jetzt davon aus, dass der Mensch von Grund auf egoistisch sei. Mitgefühl wird als Schwäche oder Luxus angesehen oder gar von vornherein nur als komplexerer Egoismus betrachtet. Freundlichkeit erscheint als eine Haltung, die uns mit wehmütiger Sehnsucht nach etwas erfüllt, von dem wir befürchten, es existiere möglicherweise gar nicht. Und dennoch halten wir daran fest, dass Kindheit oder Elternschaft ohne Freundlichkeit unvorstellbar ist. Nun verwirklichen plötzlich Eltern in geradezu idealer Weise Freundlichkeit und Mitmenschlichkeit: Erwachsene scheinen demgemäß zu freundlichem Verhalten eher fähig zu sein als Kinder, so als setze Freundlichkeit samt allem, was dazugehört, einen bestimmten Entwicklungs- und Reifeprozess voraus. Nur ein Erwachsener, der gelernt hat, mit Frustrationen umzugehen, ist in der Lage, die Bedürfnisse eines Anderen den eigenen überzuordnen. Die einst so hochgerühmte Freundlichkeit des Kindes dagegen wird heute eher ignoriert, sentimentalisiert oder pathologisiert; Mitgefühl ist keine Naturgegebenheit mehr. Von selbst stellt es nicht ein.

Die Verwirrung, die hier vorliegt, ist bezeichnend: Einerseits ist die Erfahrung unserer Gefühle für Andere – unsere Identifikation mit den Leiden und Freuden anderer Menschen – eine unserer unmittelbarsten Erfahrungen überhaupt, durchaus vergleichbar mit einem Instinkt oder Reflex – als verstünde es sich von selbst, dass unser Innenleben und das Innenleben anderer Menschen spürbar wesensverwandt sind. Andererseits aber beruhen viele unserer dominantesten Selbstbilder auf unserer Abneigung, unserem Widerstand oder unserer panischen Angst vor genau dieser Erfahrung. Im Extremfall gelangen wir zu der Überzeugung, ein zu hohes Maß an Einfühlungsvermögen, an Sympathie für andere gefährde entweder unser Leben oder gehe gegen unsere Natur.

Die zynischste Variante besteht darin, dass wir die gesamte Freundlichkeits-Thematik zur Cover-Story deklarieren, zu einem Vertuschungs-Konstrukt, mit dem wir in raffiniertester Selbsttäuschung versuchen, unseren skrupellosen Egoismus zu kaschieren und zu verbrämen. Mitgefühl ist in Ordnung, solange wir nicht zu viel davon entwickeln und genau wissen, dass es eigentlich gar kein echtes Mitgefühl ist. Gläubige Menschen mögen ihm noch große Bedeutung beimessen, doch für aufgeklärte, religionslose Zeitgenossen kann Freundlichkeit nur noch skeptisch thematisiert werden: Stillschweigend ist man sich übereinstimmend darüber im Klaren, dass letztlich das gesamte menschliche Denken, Handeln und Fühlen auf Egoismus beruht.

Diese widersprüchlichen Vorstellungen übernimmt die Psychoanalyse und versucht, sie sinnvoll zu systematisieren. Was bringt Menschen zusammen und was trennt sie? Die Psychoanalyse formuliert diese Frage neu und entwickelt sie zugleich weiter, mit anderen Worten, sie entwirft eine andere Geschichte über die Bedingungen der Möglichkeit des Mitgefühls. Verkompliziert wurde all das durch Freuds Vermutung, das sexuelle Verlangen, das die Anziehung der Menschen untereinander verursacht, erzeuge zugleich unerträgliche Rivalitäten und Feindseligkeiten, denen Liebe und Freundlichkeit zum Opfer fielen. Erinnert sei an das Bonmot Freuds, *dass wir lieben müssen, um nicht krank zu werden, und dass es die Liebe ist, die uns krankmacht.* Aber inwiefern machen uns Freundlichkeit und Mitmenschlichkeit krank? Was sind aus psychoanalytischer Sicht die Gefahren des Mitgefühls?

Wir lernen von der Psychoanalyse, dass es einen Unterschied zwischen Freundlichkeit als moralischer Verpflichtung und Freundlichkeit als einem Bedürfnis gibt. Mit der ersten Form, der Freundlichkeit als Pflicht, würden wir uns nicht aufhalten, wenn man uns nicht dazu zwänge. Wir verhalten uns freundlich, weil wir Angst haben müssen, andernfalls bestraft zu werden. Freundlichkeit oder Mitmenschlichkeit als Bedürfnis hingegen, als etwas, das von Bedürfnis und Verlangen gar nicht getrennt werden kann, ist unwiderstehlich. Wenn man von uns *verlangt*, freundlich zu sein, kommt wahrscheinlich eher unsere grausame Seite zum Vorschein; wenn wir dagegen freundlich sein *wollen*, werden wir mit ziemlicher Sicherheit auf unsere innere Großherzigkeit stoßen. Zwei Gefahren des Mitgefühls lauern also aus psychoanalytischer Sicht: Unsere angeborene Freundlichkeit immunisiert uns erstens gegen äußeren und inneren moralischen Zwang. Verweigern wir uns also der Nötigung, dem Zwang, und lassen wir Freundlichkeit als Genuss zu. Lassen wir aber zweitens erst einmal Freundlichkeit als Genuss zu, dann macht sie uns durchlässiger, reduziert unsere Isolation, hebt nach und nach die Trennung von unseren Mitmenschen auf. Wird Freundlichkeit wirklich ernst genommen, ist die Vorstellung voneinander abgetrennter Individuen nicht mehr aufrechtzuerhalten. Unser sexuelles Verlangen ist entschieden selektiver als unsere Freundlichkeit – unsere Erregungsbedingungen sind wesentlich enger definiert als die Voraussetzungen für Gefühle von Sympathie –, daher ist die Zahl der Menschen, für die wir Sympathie empfinden, wesentlich höher als die Zahl der Menschen, die wir begehren: Sexuelles Begehren spaltet uns ab, während uns Mitgefühl mit einer Vielzahl unterschiedlichster Menschen verbindet. *Freundlichkeit ist verschwenderisch.*

Ein Kind empfindet instinktiv Zuneigung. Zwischen den Generationen und zwischen den Geschlechtern gibt es seit jeher Konflikte, und daran wird sich auch in Zukunft nichts ändern. Kindliche Aggressivität, Rivalitäten, Neid und Boshaftigkeit unter Kindern waren (im Unterschied zur frühkindlichen Sexualität) nie ein Geheimnis. Ein gänzlich neues Phänomen der Moderne ist es allerdings, dass die kindliche Zärtlichkeit, die natürliche Freundlichkeit des Kindes mit so viel Argwohn betrachtet wird. (Die idealisierende Überhöhung der kindlichen Unschuld ist im Gegenzug nur eine Form dieses Argwohns, der unsere Zweifel zum Schweigen bringen soll.) Moderne Erwachsene neigen dazu, in ihren Beschreibungen der Kindheit, und seien sie noch so wissenschaftlich formuliert, ihre Ängste vor sich selbst abzuhandeln. Sie befürchten im Wesentlichen schlicht und einfach, ihr Hass sei womöglich stärker als ihre Liebe, und es sei, um es mit dem englischen Psychoanalytiker Ernest Jones zu formulieren, womöglich »viel weniger Liebe in der Welt, als es den Anschein hat«.

Unsere Freundlichkeit und (Mit-)Menschlichkeit werden ständig in Frage gestellt (nicht, wie uns Vertreter des philosophischen Skeptizismus üblicherweise glauben machen wollten, unsere Existenz). Die Kindheit ist mittlerweile der letzte Rückzugsort der Freundlichkeit, an dem wir im Gegenteil noch hoffen können, dass *mehr* Liebe in der Welt ist, als es den

Anschein hat. Erziehungsfragen werden in unserer Zeit teilweise mit einer regelrechten Besessenheit traktiert, hinter der sich vielleicht die verzweifelte Suche nach Mitgefühl in einer Gesellschaft verbirgt, die es uns permanent erschwert, daran zu glauben und darauf zu vertrauen. Die Themen kindliche Entwicklung und Erziehung gehören vielleicht zu den wenigen noch existierenden Möglichkeiten, um über Mitgefühl und Freundlichkeit ins Gespräch zu kommen.

Das *Mitleid*, das in den Weltreligionen eine zentrale Rolle spielt, sowie der *Altruismus*, der als vergleichbarer säkularer Wert diente, haben in die relevanten psychologischen Theorien der Moderne kaum Eingang gefunden. Und im Vergleich mit dem offenkundigen Realismus all der Darstellungen von menschlichem Eigennutz, von der grundsätzlich selbstbezogenen und nur auf die eigene Befriedigung ausgerichteten menschlichen Natur klangen die Darstellungen von Freundlichkeit und Mitmenschlichkeit kitschig, als drückten sie doch nur einen frommen Wunsch aus oder sollten gar religiöse Gefühle kaschieren. Die moderne Psychoanalyse liefert aufschlussreiche Erkenntnisse zu der Frage, warum wir uns vor der Freundlichkeit so fürchten, warum unser Mitgefühl – unser Vermögen, uns in unserer Vorstellung mit anderen Menschen zu identifizieren – der Aspekt an unserer Persönlichkeit ist, der uns am meisten verstört. Lacan zufolge besteht das Streben des Menschen darin, seinem Begehren zu entfliehen; und vielleicht besteht es ja auch darin, seiner Mitmenschlichkeit zu entfliehen. Die historischen Gründe dafür haben wir im vorigen Kapitel behandelt. Schauen wir uns nun an, welchen Stellenwert die Freundlichkeit in der Kindheit des Individuums hat. Unser Leben hängt seit der Geburt von Freundlichkeit ab; wie wir sehen werden, ist das gleichzeitig der Grund dafür, dass sie uns so abschreckt.

Wir beginnen unsere Existenz buchstäblich als Teil des Körpers eines anderen Menschen; als Teil des Körpers, von dem wir uns, wenn wir heranwachsen, immer weiter entfernen. Sämtliche psychoanalytischen Entwicklungstheorien beschreiben, wie das moderne Individuum sich von zwei Formen absoluter Abhängigkeit lösen muss: als fände nach der biologischen Geburt noch eine zweite, eine psychische Geburt statt, in deren Folge sich im Lauf der Zeit eine Person als getrenntes, mehr oder weniger unabhängiges Individuum bildet. Einerseits muss sich das Kind von seinem Streben nach Autarkie entwöhnen, von seinem Glauben, dass es sich selbst genug ist und nichts braucht, was es nicht selbst hat. Damit ist die Abhängigkeit von Phantasien gemeint – sie können den Menschen natürlich nicht ernähren –, die im Erwachsenenleben zum Rückzugsort der Tagträume werden. Andererseits, gewissermaßen in der entgegengesetzten Richtung, muss das Kind von seiner vollständigen Abhängigkeit von seiner Mutter entwöhnt werden, von dem Umstand, dass sein Überleben und Wohlbefinden ausschließlich von der Mutter abhängt. Das Kind muss unterwegs zum Erwachsenen einerseits lernen, auf die absolute Wunscherfüllung seiner Phantasiewelt zu verzichten. Erst dann kann es von der Wirklichkeit ernährt werden (die Vorstellung einer idealen Mahlzeit verschafft vielleicht eine gewisse Befriedigung, aber sie macht nicht satt). Und es muss andererseits lernen, seine vollständige Abhängigkeit von der Mutter aufzugeben und auf andere Menschen zu verlagern. Dieser duale Prozess lässt sich (in Anlehnung an Rousseaus Schilderung von Émiles Reifeprozess) so beschreiben, dass das heranwachsende Kind die Bandbreite seiner Sympathien und Interessen erweitert: Der Reifeprozess besteht demnach darin, eine Vorstellung von Mitgefühl zu entwickeln, ein Wissen, dass andere Menschen das haben, was wir brauchen, und dass ihr Wohlbefinden für uns von größter Bedeutung ist.

Das eigentliche Thema der Psychoanalytiker sind nun allerdings die Fälle, in denen diese Entwicklungsprozesse nicht stattfinden oder nicht so ablaufen, wie sie es idealerweise tun sollten. Die narzisstische Selbstgenügsamkeit und die Ablehnung unserer Mitmenschen, die damit einhergeht, sowie der Hass auf unsere Abhängigkeit von ihnen verschwinden nie ganz. Und genauso können wir das anfängliche Gefühl von Liebe und Abhängigkeit erst gegenüber der Mutter, dann gegenüber beiden Eltern nie tilgen oder völlig aufheben: Weder kann es befriedigt noch kann es aufgegeben werden. Um zu überleben, müssen wir uns aber der Realität stellen: der Realität unserer nicht zu leugnenden Abhängigkeit von unseren Eltern, also von Individuen, die (obwohl zur selben Art gehörend) von uns getrennt sind. Wir müssen über diese Abhängigkeit hinwegkommen, um unsere eigene Sexualität und Möglichkeit zur Fortpflanzung zu finden. Mit Darwin könnte man sagen, die erste Aufgabe bestehe darin, zu überleben, was Abhängigkeit von elterlicher Liebe und Fürsorge mit sich bringt. Wenn das geleistet ist, gehe es im nächsten Schritt darum, Bedingungen für Fortpflanzung und / oder sexuelle Befriedigung herzustellen. Für den ersten Schritt braucht ein Kind seine Eltern, für den zweiten Schritt wird diesem Bedürfnis durch das sogenannte Inzest-Tabu eine Grenze gesetzt.

Entwicklungspsychologisch ist es also unschwer zu verstehen, warum bestimmte Anteile kindlicher Liebe zu den Eltern und der Abhängigkeit von ihnen aufgegeben und auf andere Menschen übertragen werden müssen. Warum aber muss dabei die Freundlichkeit preisgegeben werden? Im Licht der Theorien Freuds und Winnicotts sabotiert allzu viel Freundlichkeit die Entwicklung; sie steht einer vollständig ausgeprägten Unabhängigkeit im Weg. So betrachtet ist für den Heranwachsenden eine gewisse Rücksichtslosigkeit unabdingbar: Es muss ihm gelingen, die Eltern zu benutzen, wenn er sie braucht, sich dann aber auch wieder von ihnen abzuwenden, wenn seine Bedürfnisse erfüllt sind. Wird Entwicklung als zunehmende Trennung von den Eltern verstanden, dann lauert in der Freundlichkeit und im Mitgefühl die Gefahr, dass diese notwendige Distanzierung ausbleibt. Mitgefühl innerhalb der Familie erscheint dann als kaschierter Inzest und bekommt einen Beigeschmack von Regression, als begäbe man sich mit positiven Gefühlen für die Eltern auf die schiefe Ebene einer nicht mehr aufzulösenden Abhängigkeit. Ein allzu entgegenkommendes Kind, das sich auf Kosten seiner eigenen Bedürfnisse zu intensiv auf die Wünsche seiner Eltern einstellt, untergräbt damit seine eigene Entwicklung. (Nach dieser Theorie muss grundsätzlich das Bedürfnis mindestens einer Person geopfert werden; Bedürfnisse werden also seltsamerweise als etwas beschrieben, das geopfert werden *kann*.)

Die moderne Psychoanalyse sieht im Kind ein Wesen, das den Impuls, der für seine Entwicklung entscheidend ist, verpassen kann, wenn es für seine Eltern zu viel Mitgefühl aufbringt. Nur wenn die Eltern sich damit abfinden können, dass sie herzlos behandelt werden, also nur wenn sie in der Lage sind, von ihren eigenen Bedürfnissen abzusehen, kann das Kind unbeschadet heranwachsen. In dieser Perspektive, die man sicher als Bestandteil jeder Kindheits- und Jugendgeschichte bestätigt finden kann, ist Freundlichkeit eine Haltung, von der wir zwar abhängig sind, vor der wir uns aber auch in Acht nehmen müssen.

Um zu überleben und heranzuwachsen, hat jedes Kind den Drang, sicherzustellen, dass es die Eltern hat, die es braucht. Wie kann das Kind erreichen, dass seine Eltern seine Bedürfnisse einigermaßen unbeschadet erfüllen, also ohne dass sie ihrerseits zu sehr darunter leiden? Es muss hinreichend liebenswert sein, um die Eltern zu bewegen, sich um ihr Kind zu kümmern. Und hier kommt nun »Freundlichkeit« ins Spiel: als Mittel, mit dem die Eltern bestochen werden können, als Absicherung gegen Liebesentzug oder Vernachlässigung. Das Kind will die Eltern vor all dem bewahren, was sie unglücklich machen könnte, im Grunde also vor allem, was sich den eigenen, den kindlichen Wünschen in den Weg stellen könnte. Kindliche Freundlichkeit dient zu Beginn als Rettungszauber, als magisches Allheilmittel, und ist als solches natürlich zum Scheitern verurteilt. Aus diesem Scheitern jedoch entsteht die echte Freundlichkeit – oder vielmehr sie kann daraus entstehen, wenn die Eltern in der Lage sind, das Scheitern auszuhalten. Wenn das Kind anfängt zu realisieren, was die für magisch gehaltene Freundlichkeit *nicht* zu tun vermag – nämlich *alles* gut zu machen –, kann sich eine realistische, authentische Form von Freundlichkeit entwickeln. Eltern, die von ihren Kindern tatsächlich verlangen, sie zu retten, und ihr Kind bestrafen, wenn es nicht in der Lage ist, ihre Realität zum

Besseren zu wenden, werden den Glauben des Kindes an Freundlichkeit mit einiger Sicherheit zu Fall bringen.

In gleicher Weise zerrüttet eine Gesellschaft, die Freundlichkeit romantisiert und sie zu einer so schwer zu praktizierenden Tugend hochstilisiert, dass nur überirdisch gute Menschen dazu fähig sind, das Vertrauen der Menschen in reale, alltägliche Freundlichkeit und Mitmenschlichkeit. Von der magischen Freundlichkeit wird erwartet, dass durch sie jeder glücklich und alles gut wird – die wirklichkeitsnahe Anteilnahme und Bestätigung jedoch, die wir als Menschen eigentlich brauchen, vermag sie nicht zu geben. *Magische Freundlichkeit ist nichts als ein Luftschloss.*

Freundlichkeit ist im Normalfall kein beliebig einzusetzendes Bestechungsmittel, auch kein magisches Allheilmittel, sondern ein schlichter Tauschvorgang. In einer Eltern-Kind-Beziehung, in der keiner vom Anderen erwartet, dass er ihn rettet, kann jeder sich der Gesellschaft des Anderen erfreuen, ohne ihn umkrempeln zu müssen. Die Kinder von heute werden als Wesen wahrgenommen, die ständig in der Gefahr schweben, zu den Eltern ihrer Eltern werden zu müssen; zu Personen, deren Sorge um das Wohlbefinden der Eltern ihre eigenen Entwicklungsbedürfnisse aufzehrt. Zeitgenössische Schilderungen der kindlichen Entwicklung muten häufig wie Hilfeschreie der Erwachsenen an: Die Eltern scheinen sich von ihren Kindern unterdrückt, ja versklavt zu fühlen, als wären sie von ihren Kindern abhängiger als umgekehrt. Sollte das Resultat der 200-jährigen intensiven Beschäftigung mit der kindlichen Entwicklung tatsächlich eine Welt sein, in der die Eltern sich vor ihren Kindern fürchten, vor ihrer Verletzlichkeit, ihrer Bedürftigkeit, ihren Enttäuschungen und ihrem Zorn? Eine Welt, in der Eltern mit Hilfe ihrer Kinder Selbstachtung zu finden hoffen, Sinn und Ziel für ihr eigenes Leben? Das wäre eine Welt, in der Eltern und Kinder nicht mehr fähig sind, im alltäglichen Geschäft des Heranwachsens zusammenzuarbeiten. Verschreiben sich Eltern solcherart der magischen Form von Freundlichkeit, dem Vermeiden von Enttäuschungen um jeden Preis, dann können sie nur scheitern. Wird ein Kind andererseits lediglich als Ausbund habgieriger, letztlich nicht zu befriedigender Bedürfnisse gesehen, dann verkommt das Heranwachsen zu einer Form parasitären Wuchers. Die Psychoanalyse versucht, mit diesem Dilemma fertig zu werden: Was geschieht mit Freundlichkeit und Mitmenschlichkeit im Treibhaus der Familie? Kann man irgendetwas tun, um zu verhindern, dass Freundlichkeit den erbarmungslosen Mechanismen des Familienlebens zum Opfer fällt?

Neben vielem anderen ist Psychoanalyse die Darstellung der Furcht des modernen Menschen vor seinesgleichen sowie der Gründe für diese Furcht. Was Freud unter den Begriff »Abwehr« fasste, sind die Methoden, mit denen wir uns vor unseren Wünschen und Begierden schützen, und dazu gehören auch unsere Beziehungen zu anderen Menschen. Die Geschichte der Psychoanalyse nach Freud spiegelt viele Probleme, die sich für uns im Zusammenhang mit Freundlichkeit ergeben (es wäre sicher eine interessante Übung, »Sexualität« als Freuds Begriff für »Mitmenschlichkeit« zu lesen). Geht es uns, so fragten die Psychologen nach Freud, im Grunde mehr um unsere *eigenen* Wünsche und deren Erfüllung oder um *andere* Menschen? Und was impliziert eine solche Unterscheidung? Sehnen wir uns nach (sinnlicher) Befriedigung, wie es die sogenannte Triebtheorie behauptet, oder nach Vertrautheit und erfüllten Beziehungen? Wenn wir wählen dürften – würden wir uns für Geselligkeit oder für Sex entscheiden? Wenn Freundlichkeit in einem nicht sentimentalen Sinn allem menschlichen Begehren zugrunde liegt, dann entpuppen sich all diese Fragen als Scheinalternativen, falsche Formulierungen für das, was zwischen Menschen geschieht. Sex wird zu einer eher verkomplizierten Mitmenschlichkeit (es gibt keinen Sex ohne Freundlichkeit bzw. deren Zurückweisung); Aggression zu einer eher dunklen, kaum artikulierten Form (es gibt keine Freundlichkeit ohne Aggression oder Zurückweisung der Aggression). Es ist ein Zeichen von Freundlichkeit, andere Menschen nicht zu sehr vor sich selbst, besonders vor der eigenen Sexualität in Schutz zu nehmen.

Die Erotisierung der Freundlichkeit im psychoanalytischen Diskurs war nicht völlig neu. Rousseau hatte konstatiert, dass mit dem Beginn der Pubertät Freundlichkeit in der Psyche des Jugendlichen zu erwachen beginnt. Die Geschlechtsreife öffnet dem Zögling Émile, der Hauptfigur in Rousseaus Roman, die Augen für die Gefühle und Leiden seiner Mitmenschen und »ruft in seinem Herzen zum ersten Mal das Gefühl des Mitleids wach, das er bisher nicht kannte«. Das erotische Begehren ist allerdings, wie der Heranwachsende bald feststellt, voller Widersprüchlichkeiten; ihm entspringt nicht nur *pitié*, sondern auch Feindseligkeit. Bei Rousseau deutet sich bereits an, was Freud dann klar aufzeigte: Ambivalenz ist der Schlüssel zur Sexualität des Menschen. Am deutlichsten zeigt sich diese Ambivalenz in der Erfahrung sexueller Eifersucht, und hier wird die menschliche Freundlichkeit auch auf die härteste Probe gestellt. Der interessanteste, aber auch verstörendste Aspekt an der Erfahrung von Eifersucht ist die Erkenntnis, wie gefährdet unsere Freundlichkeit ist. Das Schicksal der Freundlichkeit im Zusammenhang mit Eifersucht – die Auslöschung jeglicher Form von Großherzigkeit durch das Faktum des Verrats – bietet einen wichtigen Anhaltspunkt: Die Gefahr der Freundlichkeit besteht in ihrem Verschwinden, in dem, was wir verlieren, in der Frage, wie wir weiterleben können, wenn Freundlichkeit unmöglich geworden ist.

Die Ambivalenz, die in sexueller Eifersucht so klar zum Ausdruck kommt – wir hassen, wo wir geliebt haben, und umgekehrt –, verweist uns darauf, wie komplex unser Gefühlshaushalt ist. Wenn derart extreme, offensichtlich widersprüchliche Gefühle immer gleichzeitig wirken – Ist Hass ohne Liebe denkbar? Kann ich enttäuscht werden von Menschen, die ich nicht brauche? –, dann ist ab dem Moment Vorsicht geboten, wo sich diese starken Gefühle gegenseitig auszuschließen scheinen, wo also Liebe so überhand nimmt, dass der Hass verschwindet, und umgekehrt.

Wir vereinfachen prinzipiell unser Gefühlsleben sehr stark, um den ständigen Konflikt kleinzuhalten, in dem wir uns befinden. Sind wir aber eifersüchtig, dann können wir unsere Konflikte nicht mehr verstecken. Wir hassen aus tiefstem Herzen, wo wir zuvor geliebt haben; unsere Abhängigkeit von dem einst geliebten Menschen und unsere Unfähigkeit, sein Begehren zu kontrollieren, treten in niederschmetternder Deutlichkeit zutage. Tatsächlich zwingt uns die Erfahrung sexueller Eifersucht – die Ambivalenz, die sich in ihr explosionsartig auftut –, unsere Frage umzukehren: Warum verhalten wir uns überhaupt jemals unfreundlich? Eine Antwort lautet wohl, dass wir so weit wie irgend möglich unser emotionales, psychisches Überleben sichern wollen. Nicht mehr geliebt zu werden: der drohende oder tatsächliche Verlust der Liebe, von der unser Leben abhängt, ist *die* fundamentale Bedrohung für unser Überleben. Zu Beginn unseres Lebens ist diese Abhängigkeit am größten. Der Säugling lebt in der Illusion, dass er seine Mutter, also die Person, die er braucht, kontrolliert und dass diese Person keine eigenen Bedürfnisse kennt, die ihn ausschließen. Seine »Freundlichkeit« *ist* diese Illusion. Wenn dem Kleinkind dann allmählich die Unabhängigkeit der Mutter bewusst wird, wenn es seine Illusion der Allmacht aufgeben muss, steigt Zorn auf. Ein Gutteil unserer Grausamkeit ist der weitgehend erfolglose Versuch, den Zustand vor dieser katastrophalen Enttäuschung wiederherzustellen oder zurückzugewinnen. Und aus diesem Grund ist vielleicht auch die Eifersucht ein Thema, das die abendländische Phantasie nicht loslässt: Eifersucht bedeutet eine akute Gefährdung unserer Freundlichkeit, also dessen, was uns von Beginn an mit anderen Menschen verbindet. Wenn wir eifersüchtig sind, kennen wir gegenüber uns selbst und anderen Menschen kein Erbarmen. Wenn wir einen anderen lieben oder mögen, wird Freundlichkeit als Bedürfnis, nicht als Pflicht erfahren. Ebendiesen Unterschied zu beschreiben ist eine der Leistungen der Psychoanalyse. Eifersucht dagegen birgt immer die Gefahr in sich, der (womöglich sogar gewaltsame) Tod der Freundlichkeit zu sein (man denke nur an *Othello*). Der Schrecken der Eifersucht besteht mit anderen Worten nicht nur im Verlust der geliebten Person, sondern im Verlust der Fähigkeit des Individuums, freundlich, gütig und mitmenschlich zu sein. *Selbsthass geht häufig auf ein Scheitern der Freundlichkeit zurück.*

Im Jahr 1929 legte Ernest Jones in Paris in einem Vortrag über Eifersucht dar, dass das, was wir Liebe nennen, sehr häufig einfach nur eine einigermaßen erfolgreiche Methode ist, mit unserem Hass umzugehen. Damals war der Gedanke, dass Hass stärker ist als Liebe, in psychoanalytischen Kreisen eine Selbstverständlichkeit und natürlich – nach den Verheerungen des Ersten Weltkriegs – auch weit darüber hinaus. Wenn Liebe angeboren war, wenn der Säugling mit einer Liebesfähigkeit zur Welt kam, die mit seiner Überlebensfähigkeit gleichzusetzen war, dann wurde diese Liebe zwangsläufig enttäuscht, was seinerseits zu einem Sturm zorniger Entrüstung führen musste oder aber zu einer Kränkungskrise (die Jones prosaisch als den »Groll« beschrieb, der sich aus der Enttäuschung ergibt, dass »Liebe nicht dem perfekten Ideal entspricht, das man sich vorgestellt und erwartet hat«). Sollte Hass, wie Freud vermutete, ebenso angeboren sein wie Liebe, dann war Hass offensichtlich der stärkere Affekt. In der Liebe riskieren wir, einen zum Scheitern verurteilten Kampf zu kämpfen; anders gesagt: Liebe scheint uns nie genau das zu bringen, was wir uns vorstellen. Liebe funktioniert nicht im Sinn von Magie, aber sie kann als Freundlichkeit funktionieren.

Freud beschrieb die Ambivalenz, die seiner Ansicht nach der menschlichen Natur zugrunde liegt, in einer Art und Weise, in der der Mythos von der Erbsünde den Charakter einer Vorstellung erhielt, auf den die Menschheit zwangsläufig verfallen musste, solange sie von der Psychoanalyse noch nichts wusste. Es gibt eine Instanz in uns, in unserer Weise zu lieben, die genau das zu zerstören droht, was ihr am meisten bedeutet. Wir sind, wie Freud nicht als Einziger feststellte, destruktiver, gewalttätiger, als wir eigentlich sein wollen; doch wir sind außerdem – auch das stellte Freud nicht als Einziger fest – weniger destruktiv, weniger gewalttätig, als es unserer eigentlichen Neigung entspräche. Leben können wir nur, wenn wir unsere Aggression unterdrücken, doch die Unterdrückung unserer Aggression macht uns krank (unterdrückte Aggression kann wie unterdrückte Freundlichkeit als Verrat am eigenen Selbst empfunden werden). Und in der Geschichte, die Freud über die Entwicklung des modernen Menschen schrieb, sind brutaler Hass und sexuelle Begierde, in ebendieser Rangfolge, die Hauptdarsteller. Der Zufall bestimmt unser Schicksal, und unsere ursprünglichen Triebe tun alles, was in ihrer Macht steht, um befriedigt zu werden. Zuerst war Hass da; und wenn wir Glück haben, hilft uns Liebe über den Hass hinweg. Nach Freuds Auffassung gibt es einen Ur-Hass, der mit Gott nichts zu tun hat.

In »Triebe und Triebschicksale«, einer Abhandlung, die 1915, also im Jahr nach dem Ausbruch des Ersten Weltkriegs entstand, schrieb Freud:

Der Hass ist als Relation zum Objekt älter als die Liebe, er entspringt der uranfänglichen Ablehnung der reizspendenden Außenwelt von Seiten des narzisstischen Ichs. Als Äußerung der durch Objekte hervorgerufenen Unlustreaktion bleibt er immer in inniger Beziehung zu den Trieben der Icherhaltung, so dass Ichtriebe und Sexualtriebe leicht in einen Gegensatz geraten können, der den von Hassen und Lieben wiederholt.

Freuds komplexe Ausdrucksweise beruht auf einem einfachen Bild mit allerdings überraschenden Implikationen. Hass nennen wir, was in uns all die Bereiche der Außenwelt ablehnt, die uns Widerstand leisten und unser Wohlbefinden gefährden. Alles Gute empfinden wir als selbstverständlich: Trost, Liebe, Befriedigung, Schutz. Alles Schlechte jedoch müssen wir, um uns selbst zu erhalten, ablehnen. *Hass ist unser ursprünglichster Selbstschutz*, ein Ausschluss all dessen, was uns bedroht. Unsere Sexualität, die Freud mit unserer Liebe gleichsetzt, macht uns dann für die Befriedigungen zugänglich, die wir in uns selbst nicht finden können.

Nach Freud gibt es immer »Konflikte zwischen dem Eigeninteresse und den Interessen der Liebe«. Um der Liebe willen öffnen wir uns den Anderen, erleben aber in diesem Prozess Situationen, die uns verstören. Als paradoxen Extremfall konstatiert Freud, dass wir lieber seelisch ›verhungern‹, als unser Leben aufs Spiel zu setzen: Die *Gefährdung* durch die Liebe ist größer als die durch sie zu erzielende *Befriedigung*. Wie so oft erweist sich Freud in dieser Hinsicht als unerschütterlicher Darwinist: Zuerst kommt der Kampf ums (körperliche wie auch emotionale) Überleben; fühlt man sich dann ausreichend sicher und ist auch das psychische Überleben garantiert, eröffnet sich die Möglichkeit der Befriedigung Anderer und durch Andere. *Hass ist eine unserer Überlebensstrategien.*

Was Freud die »Beimischung von Hass (in der Liebe)« nennt, geht unter anderem auf den Selbsterhaltungstrieb zurück. Lieben wir, dann sind wir intensiver mit unserem Überleben beschäftigt als mit irgendetwas sonst. Hass ist in diesem Zusammenhang keine Böswilligkeit (sei diese nun angeboren oder nicht), sondern ein Warnsignal. Was bei Freud wie eine säkulare Version der Erbsünde aussieht, hat mehr mit instinktiver Selbsterhaltung zu tun. Freud sollte entdecken, dass unsere Selbstschutzmechanismen tendenziell auch Methoden sind, wie wir uns gegen die Außenwelt abschirmen, gegen sie sperren. Unsere Sexualität gefährdet uns, weil sie uns auf Andere hin ausrichtet, und diese Enthüllung unseres Verlangens macht uns verletzbar (in puncto Verlangen wird jede Enthüllung als Überschreitung erfahren). Alle Tiere leiden unter der Richtung, in die ihr Verlangen sie treibt.

1925, zehn Jahre später, vereinfacht Freud diese Formulierung im Aufsatz »Die Verneinung«: Unser

Leben lässt sich mit zwei einfachen Fragen strukturieren: Was wollen wir in uns aufnehmen, und was wollen wir ausschließen? Was wollen wir in unser Leben integrieren, und was wollen wir lieber auf Abstand halten? Idealerweise werden wir das in uns aufnehmen, was wir für gut, wertvoll und notwendig halten, und wir werden das zurückweisen, was schlecht, überflüssig und für uns bedeutungslos ist. Liebe ist gleichbedeutend mit Aufnehmen, Hass ist die Zurückweisung. Ironischerweise ist also unser sogenannter Hass dafür verantwortlich, dass wir moralisch gut und handlungsfähig bleiben. Das Kind muss sich, so Freud, genauso wie der Erwachsene jeweils entscheiden:

> *In der Sprache der ältesten, oralen Triebregungen ausgedrückt: das will ich essen oder will es ausspucken, und in weitergehender Übertragung: das will ich in mich einführen und das aus mir ausschließen. ... Das ursprüngliche Lust-Ich will ... alles Gute sich introjizieren, alles Schlechte von sich werfen. Das Schlechte, das dem Ich Fremde, das außen Befindliche ist ihm zunächst identisch.*

Wir müssen uns also ständig fragen: Wen stoßen wir zurück, an wem halten wir fest? Auf welche Gefühle wollen wir eher verzichten und welche wollen wir zulassen?

Die Instanz, die Freud das ursprüngliche Lust-

Ich nennt und die wir als ursprüngliches, normales Selbstgefühl bezeichnen können, möchte unser Wohlbefinden erhalten und alles ausstoßen, was dieses Wohlbefinden zunichte machen könnte. Dinge, die dieses Ich stören, die es ablehnt, werden ausgespuckt, in die Außenwelt befördert; diese Außenwelt ist verhasst und wird abgelehnt (der andere Ort, an dem das Ich Dinge ablagert, die es verstören – in dem Vorgang, den Freud »Verdrängung« nennt –, befindet sich im Innern). *Wir lieben, was uns liebt.* Hass erhält unsere Lust aufrecht und ist in sich selbst eine Lust. Wenn wir nicht hassen können, können wir nicht glücklich sein.

Nach Freud hassen wir, weil wir Lebewesen sind, die nach Lust streben. Gemäß einem anderen ebenso bedeutenden Strang der Freud'schen Darstellung ziehen wir außerdem Lust aus unserem Hass (oder machen unseren Hass erträglich, indem wir ihn als Lustgefühl ansehen). Tatsächlich hängt unsere sexuelle Befriedigung zu einem gewissen Grad immer von unserer Fähigkeit zum Sadismus ab, davon, an unserer Grausamkeit Lust zu empfinden. Der Gedanke, dass Hass zur Selbsterhaltung notwendig ist, bereitet uns zwar ein gewisses Unbehagen, doch dürfte er für uns wohl immer noch leichter hinzunehmen sein als die Vorstellung, dass Grausamkeit ein wesentlicher Bestandteil dessen ist, was uns Lust bereitet, sei es nun die Grausamkeit gegen uns selbst oder gegen andere.

Zeit seines Lebens war Freud über das Ausmaß erschüttert, in dem wir uns mit unserem Hang zu Schuldgefühlen und Beschämung selbst quälen; und er war immer wieder erstaunt über den in den sexuellen Beziehungen der Moderne omnipräsenten Sado-Masochismus. Die Lust an der Grausamkeit und die Grausamkeit der Lust waren für Freud bekanntlich zwei Eckpfeiler des modernen Lebens. Er entwickelte dazu zwei Theorien. Die erste, die sich durch sein gesamtes Werk zieht, geht davon aus, dass Sadismus angeboren, fast eine Naturgegebenheit ist – »fast« deswegen, weil er sich im Geschlechtsleben der Tiere nicht vorfindet, daher als Artefakt eines menschlichen Instinkts erscheint, als etwas, das beim Menschen als Überlebensnotwendigkeit hinzukam. In seiner frühen Schrift *Drei Abhandlungen zur Sexualtheorie* aus dem Jahr 1905 heißt es, dass Sadismus und Masochismus zu den Trieben bereits der infantilen Sexualität gehören; sie sind feste Bestandteile der individuellen Entwicklung einer erwachsenen Erotik.

Die zweite Theorie beschreibt jede Form von Grausamkeit als Element des sogenannten Todestriebs. In beiden Versionen ist Sadismus angeboren, sozusagen genetisch festgelegt; jeder Mensch bringt ihn (in je unterschiedlichem Ausmaß) bei der Geburt schon mit. Die schwere Aufgabe für das Individuum besteht darin, seine Grausamkeit einigermaßen mit seinen sogenannten Beziehungen vereinbar zu machen. Wenn das Individuum sexuelle Lust daraus bezieht, andere Menschen zu quälen, braucht es jemanden, mit dem das möglich ist. Der Sadist muss sich einen masochistischen Partner suchen, denn er braucht ihn, um seine Grausamkeit ausleben zu können. Der Sadist sagt: »Ich kann tun, was ich will, weil ich weiß, dass du mich nie verlassen kannst«; der Masochist sagt: »Du kannst mit mir machen, was du willst, solange ich sicher sein kann, dass du mich nie verlässt.« Der Sadomasochismus ist die Religion derer, die überzeugt sind, man müsse grausam sein, um freundlich sein zu können.

Ob nun destruktive Aggression eine Reaktion auf eine Frustration darstellt (eine Erwartungstäuschung, ohne die nach Freuds Auffassung menschliche Beziehungen gar nicht denkbar sind) oder ob diese Aggression lediglich einer unserer angeborenen Instinkte ist (wir sind Lebewesen, die es genießen oder auch einfach nur brauchen, anderen Schmerz zuzufügen) – in jedem Fall ergibt sich ein trostloses Bild. In den meisten heutigen Beziehungen sind die Menschen bestürzt über das schiere Ausmaß der auszuhaltenden Frustration und Feindseligkeit. Und eben dies bringt Freuds Darstellung zur Sprache.

Die Psychoanalyse fragt also nicht nur, wie wir mit unserer destruktiven Aggression umgehen, mit unserer Neigung zu Neid, Bosheit und Rachegefühlen – sie kann auch überzeugend darstellen, wie und warum wir uns so verbissen dagegen wehren, zu stark in die Existenz anderer Menschen unentwirrbar verwickelt zu werden, deren Freuden und Leiden zu intensiv mitzufühlen. Gegen den Schmerz der Anderen entwickeln wir ein Immunsystem. Es gibt Menschen, deren Abhängigkeit von ihren Eltern in ihrer Kindheit so unerträglich war, dass sie sich nie mehr auf etwas einlassen können, das an dieses Verhältnis erinnert. Die Sorge um die Eltern wurde als Selbstvernichtung empfunden und sprengte die Grenzen der kindlichen Liebesfähigkeit. Jedes Kind möchte seine Eltern vor all dem in Schutz nehmen, was sie unglücklich macht, und jedes Kind scheitert an dieser Aufgabe. Allein diese Erfahrung kann den Glauben des Kindes an den Wert der Freundlichkeit erschüttern: Freundlichkeit hat Grenzen, sie ist kein magisches Allheilmittel. Andererseits machen alle Menschen – fast instinktiv, als zweite Natur – in einem gewissen Ausmaß die Erfahrung von Mitgefühl, und diese fundamental vorgegebene Art von Freundlichkeit ist trotz ihrer zeitweiligen Ohnmacht für uns von größter Bedeutung, ja, sie kann geradezu ein Rettungsanker werden.

Rousseau hat Mitte des 18. Jahrhunderts gezeigt, wie eng Mitmenschlichkeit, Freundlichkeit und Begehren miteinander verknüpft sind, sodass kein Teil ohne den anderen denkbar ist. 150 Jahre später beschrieb Freud diese Freundlichkeit mit Begriffen aus dem Bereich des Eros, allerdings so, dass Freundlichkeit nun extrem kompliziert wurde und uns auch so erscheint. Das Bild von der menschlichen Natur, das die ersten Freudianer entwickelten, machte es unmöglich, Freundlichkeit mit Sexualität, Selbsterhaltung, Aggression und dem Lebens- oder Todestrieb in eine Reihe zu stellen. Und dennoch ist der weseneigene Anspruch des Mitgefühls, die Frage, was Menschen zusammenführt und zusammenbleiben lässt, in der Psychoanalyse omnipräsent. Die Macht in uns, die unserer eigenen Freundlichkeit und der Freundlichkeit unserer Mitmenschen Widerstand entgegensetzt, ist in der Theorie wie der Praxis der Psychoanalyse ein zentrales Problem. Einige spätere Psychoanalytiker erkannten, dass Freundlichkeit nur dann ernst genommen werden kann (also nur dann der Gefahr entgeht, als sentimental abgewertet zu werden), wenn man daneben die Bereiche Sexualität und Aggression ernst nimmt. Im nächsten Kapitel werden wir zeigen, wie verstörend auch diese Erkenntnis war und welche Konsequenzen sie für ein psychoanalytisches Verständnis der Freundlichkeit hatte.

Kapitel 4

Der Freundlichkeitstrieb

Wenn wir mit unseren Mitmenschen freundlich umgehen, fühlen wir uns wohl. Dennoch verhalten wir uns nicht so häufig mitmenschlich und freundlich, wie diese schlichte Feststellung es vermuten lässt. Unsere Gespaltenheit offenbart sich unmissverständlich in unserer Sexualität: Geht es um Sex, werden unsere Neigungen den selbstgestellten Ansprüchen häufig nicht gerecht. Wieder und wieder begehren wir am heftigsten, was wir später am bittersten bereuen. Freundlichkeit macht unsere innere Ambivalenz noch verwirrender. Sex ist letztlich immer riskant. Wir geben uns preis, wenn wir unserem Verlangen nachgeben, und Risiko impliziert naturgemäß Selbstschädigung. Unser Liebesleben beschreiben wir mit Begriffen wie Versuchung, Geheimnis, Eifersucht, Betrug und Bestrafung. Weil Sexualität so viel mit Tabu und Überschreitung zu tun hat, kann man sich unmöglich einbilden, sie sei eine konfliktfreie Insel mitten im Leben.

Dass in Bezug auf Freundlichkeit durchaus vergleichbare Hemmungen auftreten, mutet allerdings zunächst befremdlich an. Freundlichkeit weckt Misstrauen: Sind Risiken mit ihr verbunden? Stellt Freundlichkeit eine Art Versuchung dar? Setzen wir uns, wenn wir uns freundlich verhalten, einer Bedrohung durch unsere Mitmenschen aus? So ganz abwegig ist die These nicht, die in diesen Fragen mitschwingt.

Eine ebenso schlichte wie verlockende Freud'sche Interpretation dieses Umstands liegt natürlich auf der Hand: *Freundlichkeit ist Verführung* bzw. lediglich ein Euphemismus dafür. Wir machen uns vor, freundlich zu sein, kaschieren damit aber nur unsere sexuellen Tauschgeschäfte – ein Mechanismus, der immer wirkt, wenn wir glauben, uns ganz besonders tugendhaft zu verhalten. Doch selbst wenn das häufig tatsächlich der Fall ist, vereinfacht und vergröbert diese Deutung nicht nur die Freundlichkeit, sondern auch die Sexualität. Wieder wird hier der Karren vor das Pferd gespannt: Da uns die Sozialdarwinisten wie auch die Freudianer als von Natur aus habgierige, ausbeuterische Wesen beschreiben, müssen wir, wenn wir uns nicht Naivität vorwerfen lassen wollen, im Herzen freundlicher Menschen stets argwöhnisch das Schwelen von Grausamkeit vermuten – ähnlich wie uns der Verdacht nahegelegt wird, dass wir, sobald es um Sex gehe, gar nichts Gutes im Schilde führen *können*. Es geht also nicht darum, Freundlichkeit aus ihrer Verbindung zur und mit der Sexualität herauszulösen. Vielmehr sollte Sexualität in einer

Art und Weise neu beschrieben werden, die die Freundlichkeit von ihrem obskuren Charakter befreit. Sind zum Beispiel manche Menschen zu fürsorglich, zu entgegenkommend, zu sensibel, kurzum zu freundlich, dann ist Sex mit ihnen womöglich nicht stimulierend genug; sind sie andererseits ausgesprochen unfreundlich, bereitet Sex keinen Genuss mehr, weil er zu viel Angst einjagt.

Hier nun tritt die Psychoanalyse auf den Plan – nicht als letzte Entscheidungsinstanz oder oberster Gerichtshof in der Frage nach dem wahren Verhältnis von Sex und Freundlichkeit, sondern als eine bestimmte Darstellungsform menschlichen Verhaltens, entstanden in einer Zeit, als die älteren, religiös geprägten Auffassungen von Freundlichkeit durch die neuen »wissenschaftlichen« Denkweisen abgelöst wurden. In der Religion lautete die Frage: Wie kann sich der Mensch als eine von Gott geschaffene Kreatur so grausam verhalten? Die Psychoanalytiker in einem säkularisierten Kontext dagegen fragten: Warum sollte das menschliche Tier, das nicht von einer Gottheit geschaffen wurde, sondern vielmehr von Überlebens- und Fortpflanzungsbedürfnissen getrieben wird, überhaupt freundlich sein? Wie verträgt sich Freundlichkeit mit Sexualität, die doch offensichtlich zu unserer Natur gehört, und mit den modernen politischen und ökonomischen Organisationsformen, die unser Überleben sichern? Die Psychoanalyse entwickelte sich im Laufe der Zeit zu einer Reihe von Geschichten über die Opfer des modernen Lebensstils, über »Neurotiker«, in deren Leben Begierde und Mitmenschlichkeit nicht mehr miteinander zu vereinbaren waren. Diese Geschichten brachten von Fall zu Fall in unzähligen Variationen immer wieder neu zum Ausdruck, dass Sexualität ein Problem ist, weil sie in so schroffem Widerspruch zu unserer Mitmenschlichkeits-Kompetenz steht. Sexualität wird zum Problem, wenn uns unser eigenes Wohl und das unserer Mitmenschen am Herzen liegt.

Das Bild, das Freud und seine Nachfolger von der Entwicklung der kindlichen Sexualität entwarfen, trug nicht gerade dazu bei, sie bei ihren Zeitgenossen sonderlich beliebt zu machen. Gewalttätigkeit bei Kindern war ja nichts Neues mehr: Jeder Wutanfall im Sandkasten führt uns deutlich das Aggressionspotential auch schon der kleinsten Kinder vor Augen. Diese Gewalttätigkeit jedoch als sexuelles Verhalten zu beschreiben, wie Freud es zunächst tat, war, wenn es nicht sofort auf schockierte Ablehnung stieß, erhellend. Später, im Lauf einer umfassenden Revision seines Werks, deutete Freud unser Leben als Schlachtfeld zweier mythischer Kräfte: des *Lebenstriebs* und des *Todestriebs*. Sexualität kann im Dienste beider stehen. Damit erklärt Freud, warum die Menschen es so schwer haben, miteinander auszukommen; warum sie es oft nicht einmal mehr wollen können. Freud demonstriert, mit welchen Trieben das

Verlangen nach Mitmenschlichkeit in Konkurrenz tritt, und er macht klar, dass es nicht möglich ist, in unserem Inneren das, was wir wollen, mit dem, was wir brauchen, in Einklang zu bringen; wir können bestenfalls eine Koexistenz gegenläufiger Ansprüche, rivalisierender Lüste erreichen.

Daher lauten die Fragen der Freud'schen Psychoanalyse: *Was gefährdet die Freundlichkeit in uns? Was steht mit ihr im Widerspruch?* Ist es sinnvoll, einen Freundlichkeitstrieb oder -instinkt vorauszusetzen, der mit dem Sexualtrieb zu vergleichen oder sogar Bestandteil des Sexualtriebs wäre? Schließlich definierte Freud den Eros (die Libido, den Lebenstrieb) als einen Trieb, der darauf abzielt, »immer größere Einheiten [innerhalb des Einzelnen und zwischen den Menschen] herzustellen und so zu erhalten, also Bindung«. Der Todestrieb wiederum zielt »im Gegenteil« darauf ab, »Zusammenhänge aufzulösen und so die Dinge zu zerstören« – eine Eigenschaft, mit der wohl niemand Freundlichkeit oder Mitgefühl assoziiert. Dagegen wäre es eine durchaus taugliche Definition von Freundlichkeit, dass sie immer größere Einheiten zwischen den Menschen herstellt. Bezeichnenderweise schlossen jedoch Freud und seine Nachfolger daraus nicht auf einen Freundlichkeitstrieb.

Das Thema Mitgefühl taucht in der Psychoanalyse allenthalben auf. Deswegen wurde sie für Menschen interessant, die immer wieder Schwierigkeiten mit ihrer Fähigkeit hatten, freundlich zu sein. Nicht deswegen kamen und kommen sie in die psychoanalytische Sprechstunde, weil sie auf sexuellem Gebiet unerträglich unglücklich wären, sondern vor allen Dingen, weil sie nicht so freundlich und mitfühlend sein können, wie sie es gern wären. Irgendetwas stimmt mit ihrer Fähigkeit, Empathie für sich selbst und ihre Mitmenschen zu entwickeln, nicht, und das drückt sich in ihrem Liebesleben aus. Ihre Sexualität ist ein Abbild ihrer Gemeinschaftsfähigkeit: »Sage mir, wie jemand Liebe macht«, soll Freud zu dem ungarischen Analytiker Sándor Ferenczi gesagt haben, »und ich sage dir alles über seinen Charakter.«

Am Schluss seiner revolutionären *Drei Abhandlungen zur Sexualtheorie* aus dem Jahr 1905 stellt Freud die schlichte, immer noch verblüffende Behauptung auf:

> *Wir haben uns die Verknüpfung des Sexualtriebes mit dem Sexualobjekt als eine zu innige vorgestellt. Die Erfahrung an den für abnorm gehaltenen Fällen lehrt uns, dass hier zwischen Sexualtrieb und Sexualobjekt eine Verlötung vorliegt, die wir bei der Gleichförmigkeit der normalen Gestaltung, wo der Trieb das Objekt mitzubringen scheint, in Gefahr sind zu übersehen. Wir werden so angewiesen, die Verknüpfung zwischen Trieb und Objekt in unseren Gedanken zu lockern. Der Geschlechtstrieb ist wahrscheinlich zunächst unabhängig von seinem Objekt und verdankt wohl auch nicht den Reizen desselben sein Entstehen.*

Zwei Dinge hebt Freud hier hervor: Erstens ist die Abweichung, in diesem Fall die sexuelle Abnormität, der Schlüssel zum Verständnis des Normalen: Das Normale wird gewissermaßen als Variante des Abnormalen verstanden. Zweitens kaschiert das »normale Bild«, wenn es um Sexualität geht, einen höchst beunruhigenden Umstand, der einige unserer heißgeliebten Vorstellungen von romantischer Liebe und Sehnsucht unterminiert: Auch wenn wir glauben, dass wir einen Menschen lieben, weil er (für uns) etwas ganz Besonderes ist, verhält es sich doch nach Freuds Darstellung genau umgekehrt – er ist etwas Besonderes, weil wir ihn lieben. Wir wissen aus Erfahrung, dass unser Begehren durch eine bestimmte Art von Menschen – um nicht zu sagen »Charaktertypen« – erregt wird, doch was wir eigentlich suchen, ist unsere eigene Befriedigung; die »Reize des Objekts«, wie es Freud nennt, interessieren erst in zweiter Linie. Es ist unser Begehren sowie die Befriedigung dieses Begehrens, was uns reizt und anzieht, nicht dessen Objekte. *Wir sind mit unserem Mangel verkuppelt*. Das Objekt unserer Begierde, die andere Person, rückt in eine periphere Position. Sie, die uns doch so viel bedeutet, erscheint plötzlich als der Faktor, der am einfachsten zu ersetzen ist. Freud zeigt uns, dass es unsere *Befriedigung* ist, die uns reizt und anzieht, und nicht unbedingt eine bestimmte Person.

Das Wort »angelötet«, das Freud für die Verbindung zwischen Trieb und Objekt verwendet, verweist zugleich auf das Konstruierte und Gewaltsame dieser Verbindung: Sie ist etwas Gemachtes, nichts, das sich von selbst ergäbe; etwas Erzwungenes, nichts Natürliches (Freud verwendet »gelötet« sechsmal in seinem umfangreichen Werk, dreimal in Verbindung mit dem Zusatz »nur«). Nach Freud haben wir bei unserem Versuch, unsere komplexe Sexualität zu verstehen, immer an der falschen Stelle gesucht. Wir dachten, unser Begehren würde verständlicher, wenn wir nur das Objekt des Begehrens analysieren. Ähnlich töricht wäre es, das Funktionieren der Augen durch die Untersuchung des Angeschauten zu verstehen, oder durch die Analyse eines Fußballs herauszubekommen, wie man ihn zu kicken hat.

Dieser neue Gedanke war für Freud so wichtig, dass er seinem Beitrag im Jahr 1910 eine Fußnote hinzufügte, die zum einen als Erklärung dienen und zum andern vorgeblich auch eine historische Unterfütterung liefern sollte. Er bemerkt dort:

Der erstaunlichste Unterschied zwischen dem erotischen Leben der Antike und unserem eigenen liegt zweifellos in dem Umstand, dass die Menschen der Antike dem Trieb selbst ein höheres Gewicht beimaßen, während wir dem Objekt größere Beachtung schenken. Die Alten glorifizierten den Trieb und gaben sich daher auch mit einem minderwertigen Objekt zufrieden; wir dagegen schätzen die Triebtätigkeit als solche gering und können sie nur unter Hinweis auf den Wert des Objekts rechtfertigen.

Historische Belege gibt es dafür kaum, dennoch ist es ein verblüffendes Argument: *Vielleicht sind wir tatsächlich mehr in unser eigenes Begehren als in andere Menschen verliebt.*

Der moderne Mensch, so Freud, hat sich von der Wertschätzung des reinen Sexualtriebs abgewandt; er kann sein sexuelles Begehren nur noch rechtfertigen, indem er das Objekt des Begehrens herausstreicht (»Ihre große Schönheit / ihr Charakter / ihr Reichtum usw. beweisen, dass mein Begehren gut ist; nur durch Gutes wird das Gute angezogen«). Wenn man hingegen den Trieb höher bewertet als das Objekt, wie es Freud zufolge in der Antike geschah, dann ist die Überzeugung, Begehren sei für das Objekt gut und nützlich, entbehrlich. Begehren macht das Objekt gut, also begehrenswert. Dem Objekt tut das jedoch nicht zwangsläufig auch gut. Wem es um die eigene Befriedigung geht, dem geht es damit nicht zwangsläufig auch um das Wohl des Objekts, das die Befriedigung herbeiführt. Lässt man sich in gewissem Ausmaß fürsorglich auf den Anderen ein, dann nur, um dessen Existenz als befriedigendes Objekt aufrechtzuerhalten. Diese Freundlichkeit entspricht im Grunde der Einstellung des Sadisten, der seinen masochistischen Partner nur deswegen nicht tötet, weil er ihn sonst nicht mehr foltern könnte.

Freud unterscheidet zwischen sexuell normal und abnormal Veranlagten sowie zwischen dem antiken und modernen Menschen und zeigt auf, inwiefern uns Mitmenschen berühren und wie unser Interesse an ihnen und an uns selbst beschaffen ist. Zweckdienliche Freundlichkeit spielt in Freuds Auslegung eine wichtige Rolle: Gegenüber unseren Begierdeobjekten verhalten wir uns freundlich in der Hoffnung, sie möchten uns auch weiterhin befriedigen. In Freuds Gemeinschaft der Einzelgänger, der begehrenden Individuen, sind die Menschen »in erster Linie« an ihre Triebe gekettet. Freundlichkeit ist nichts weiter als Bestechung und dementsprechend Bestandteil des sexuellen Vorspiels. Freuds Nachfolger versuchten, folgende Frage zu beantworten: Wie passt Freundlichkeit in die Psychoanalyse, also in die neue Methode der Beschreibung des (modernen) Menschen? Welche Spielarten von Mitmenschlichkeit, von Freundlichkeit gegenüber sich selbst und den Anderen, sind denkbar in einer Welt, die nicht mehr von der Vorsehung geordnet, sondern von Trieben beherrscht ist?

Den Begriff »Freundlichkeit« verwendet Freud in den *Drei Abhandlungen zur Sexualtheorie* nicht ein einziges Mal. Schon dies allein sollte uns im Hinblick auf das Thema Sexualität zu denken geben. Die heutigen Probleme im Zusammenhang mit sexuellem Begehren haben immer in der einen oder anderen Hinsicht mit den Verletzungen zu tun, die das Begehren mit sich bringt. Geht es um die Sexualität, so Freuds Beobachtung, stecken die Menschen der Moderne in einer Zwickmühle zwischen Sicherheit und

Erregung, zwischen ihren Befriedigungswünschen und ihrer Angst vor Schuldgefühlen (Schuld hier verstanden als die Grausamkeit, die äußerste Unfreundlichkeit, zu der man gegenüber sich selbst fähig ist). Es ist zwar eigentlich unmöglich, von Sexualität zu sprechen, ohne mehr oder weniger explizit auch Freundlichkeit einzubeziehen – genau das aber ›gelingt‹ Freud in seinen *Drei Abhandlungen* nahezu durchgehend. Nur wenn der Sexualtrieb »der reproduktiven Funktion untergeordnet wird, wird er gewissermaßen altruistisch«, andernfalls handelt es sich schlicht um die Befriedigung einer angeborenen Begierde. Bemerkenswert ist für Freud der Umstand, dass die moderne menschliche Sexualität sich von den übrigen Erscheinungsformen der Sexualität im Tierreich abgelöst zu haben scheint; dass das menschliche »Tier« Sex nicht ausschließlich im Dienst der Gattung und deren Fortbestands praktiziert; der Sexualtrieb wird also gerade nicht prinzipiell seiner reproduktiven Funktion »untergeordnet«. Menschliche Sexualität hat nach Freud mehrere konkurrierende Ziele. Was daraus folgt, ist klar: Sexualität ist keine Aktivität, die in erster Linie das Wohl der Anderen, auch nicht irgendwelcher spezifischer Anderer, im Blick hat. Was wir dieser Auffassung zufolge gemeinsam haben, ist eine elementare Verpflichtung zur Befriedigung unserer *eigenen* Triebe. (Es wäre unter diesen Voraussetzungen wohl ein Zeichen von Freundlichkeit, diese Tatsache umstandslos zu akzeptieren.) Warum sollten die Menschen Rücksicht aufeinander nehmen, sich um ihre Nächsten kümmern, sich auf ihre Sorgen einlassen, solange es ihnen nicht darum geht, den Anderen zur eigenen Bedürfnisbefriedigung für den Augenblick verfügbar zu halten, da er gebraucht wird? In diesem erbarmungslosen Bild existieren andere Menschen für das Individuum nur als Mittel zum Zweck, als Instrumente zur eigenen, um nicht zu sagen Selbst-Befriedigung, und haben abgesehen von diesem ihrem Befriedigungspotential keine weitere Bedeutung. Der Sinn der Existenz anderer Menschen erschöpft sich darin, unsere Masturbationsphantasien zu bestücken.

Moderne Sexualität, wie Freud sie beschreibt, ist aus ihrer Funktion innerhalb des Fortpflanzungsgeschehens herausgelöst und erhält damit grundsätzlich den Charakter einer Transgression. Freud zeigt mit Hilfe der Geschichte von Ödipus nicht nur die starke Ambivalenz in unserem Verhältnis zur Fortpflanzung – unser tiefstes Begehren gehe vielmehr dahin, uns dieser Aufgabe gänzlich zu entziehen. Nach Freud will das Kind den Elternteil des anderen Geschlechts besitzen und den gleichgeschlechtlichen Elternteil aus der Beziehung herausdrängen. Es sucht die verbotene Befriedigung. Wenn das Aufziehen eines Kindes kein wesentlicher Bestandteil sexueller Beziehungen mehr ist und wenn sexuelle Beziehungen vom Verlangen nach der verbotenen (da inzestuösen) Lust beherrscht sind, was kann die Menschen dann überhaupt noch zusammenhalten? Immer dringlicher rückte diese Frage in den Jahren, als sich die Welt unaufhaltsam auf einen Zweiten Weltkrieg zubewegte, in den Vordergrund. Was war in Zeiten solch großen Hasses aus der Freundlichkeit der Menschheit geworden? Wie war es möglich, das Gemeinschaftsgefühl und die Solidarität aller Menschen aufrechtzuerhalten, und spielte es überhaupt eine Rolle, wenn es nicht gelang? Viele Psychoanalytiker stellten damals fest, dass ein Krieg gegen einen »fremden« Feind es sogar leichter macht, sich gegenüber den eigenen Landsleuten freundlich zu verhalten. So verfestigte sich die These, Freundlichkeit gegenüber Mitmenschen sei nur möglich, wenn es auch einen Dritten, vorzugsweise in großer Entfernung, gibt, den man hasst. Freundlichkeit und Hass schließen sich gegenseitig aus, folgerte man daraus.

Das engste Band, das als Ursprung, ja als Vorlage sämtlicher späteren menschlichen Bindungen gelten kann, ist das Band zwischen Mutter und Kind. Dies war zumindest der Ausgangspunkt der psychoanalytischen Forschung nach dem Zweiten Weltkrieg: Nichts Geringeres als die Zukunft der abendländischen Zivilisation hing davon ab, dass man verstand, was zwischen Müttern und ihren Kindern geschah, vor allem aber, was in dieser Beziehung schiefgehen konnte. Aus den Erfahrungen während ihrer Arbeit mit evakuierten Kindern im Zweiten Weltkrieg entwickelten Anna Freud – Freuds Tochter –, Melanie Klein, John Bowlby und Donald Winnicott ihre teils sich ergänzenden, teils konkurrierenden Theorien zu den Grundelementen kindlicher Entwicklung. Krieg hat immer auch mit Trennung, Verwundbarkeit und Aggression zu tun, und diese Bereiche bildeten auch das Herzstück dieser neuen Forschungen zu den Bedürfnissen von Kindern und den Bedürfnissen von Erwachsenen in ihrer Beziehung zu Kindern. Fast hatte es den Anschein, als seien die sexuellen Beziehungen zwischen Erwachsenen, die bisher nach Meinung der Psychoanalyse die Schlüsselrolle in einem tiefgreifenden Verständnis des modernen Menschen gespielt hatten, bei dieser psychoanalytischen Nachkriegsgeneration von der Thematik der Kindererziehung abgelöst worden. Die vom Erwachsenen erinnerte, wiederbelebte Kindheit, wie sie in der psychoanalytischen Behandlung rekonstruiert wurde, war nicht mehr aussagekräftig genug. Man suchte nach einem direkteren, empirischen Zugang zur Kindheit selbst. Die vielversprechendste Zukunft der psychoanalytischen Forschung schien in der Psychoanalyse von Kindern zu liegen, nicht mehr in der Behandlung von Erwachsenen, die ihre Kindheit im Rahmen einer Therapie verarbeiteten. Säuglinge, Mütter, Brüste rückten ins Zentrum des Geschehens; Genitalien und Väter wurden eher aus dem Rampenlicht hinausgeschoben. Die lakonischen Titel der klassischen Trilogie John Bowlbys erzählen im Kern die ganze Geschichte der menschlichen Entwicklung: *Bindung* (1969), *Trennung* (1972) und *Verlust* (1980). Nach den Verheerungen der beiden Weltkriege waren, zumindest in Großbritannien, Aggression, Depression und Trauer wichtigere Themen als sexuelle Erregung.

Indem die Psychoanalytiker der Nachkriegszeit der Beziehung des Mutter-Kind-Paares mehr Bedeutung beimaßen als der Paarbeziehung erwachsener Geschlechtspartner, legten sie unter anderem auch mehr Gewicht auf die Freundlichkeit als auf das sexuelle Begehren – wie wir sehen werden, eine zweischneidige Entwicklung. (Nebenbei sei bemerkt, dass nur die Engländer und später die Amerikaner die Mutter-Kind-Beziehung ins Zentrum ihrer Theorie rückten, während die Franzosen an der zentralen Bedeutung der Sexualität festhielten.) Freundlichkeit erhielt in diesem Kontext den Charakter einer skurrilen, reichlich altmodischen Mischung aus natürlichen, mütterlichen Instinkten und der Vorstellung eines moralischen Imperativs. *Freundlichkeit wurde in der Psychoanalyse nie in derselben Weise durchdacht und formuliert wie die erotischen Beziehungen.* Freud und seine frühen Nachfolger hatten die These aufgestellt, sexuelles Begehren könne durch Freundlichkeit unterminiert werden. Allerdings wagte niemand zu analysieren, was geschieht, wenn Mütter eine unfreundliche Haltung gegenüber dem Kind einnehmen, oder wie sich mütterliche Ablehnung auf die Kindesentwicklung auswirkt. Bei Erwachsenen war es hinnehmbar, dass sie ihre Freundlichkeit und Empathiefähigkeit blockierten, um vollständige sexuelle Befriedigung zu erlangen. Doch allein schon der Gedanke, Freundlichkeit zwischen Mutter und Kind sei keineswegs selbstverständlich, war schwer zu akzeptieren. Ein sexuell aktiver, erwachsener Mensch musste vom psychoanalytischen Standpunkt aus zumindest ein Übermaß an Freundlichkeit vermeiden, um sein erotisches Begehren ausleben zu können; in der frühen Mutter-Kind-Beziehung dagegen waren es eher die Probleme mit der eigentlich für natürlich angesehenen Freundlichkeit, die Fragen aufwarfen: die Unfähigkeit der Mutter, ihr Kind anzunehmen und sich mit ihm zu identifizieren, oder die Aggressivität des Kindes, die das Stillen erschwert oder gänzlich unmöglich macht. Wenn in dieser ersten, prägenden Phase die mütterlichen wie kindlichen Gefühle für- und gegeneinander ambivalent waren, was bedeutete das für den Stellenwert der Freundlichkeit generell?

Kurz, die Freundlichkeit, die von jeher als Bestandteil der Mutter-Kind-Beziehung galt, der überhaupt nicht wegzudenken war, geriet zu einem Problembereich erwachsener Sexualität. Das Mutter-Kind-Paar muss ein ausreichend freundliches Verhalten ausbilden, um die kindliche Entwicklung zu ermöglichen, während das erwachsene Paar sich hinreichend unfreundlich verhalten muss, damit sexuelle Erfüllung stattfinden kann. Dem Erwachsenen geht es um die eigene Befriedigung, dem Kind um seine Entwicklung, so Freuds ursprüngliche Darstellung: zwei tatsächlich sehr unterschiedliche Zielsetzungen. Um den Unterschied deutlicher zu machen, kann man sich die jeweilige Funktion der Freundlichkeit vor Augen halten: Freundlichkeit ermöglicht uns das Wachstum und die Entwicklung, die wir anstreben (so die englischen, post-freudianischen Psychoanalytiker, die oft auch als Vertreter der Objektbeziehungstheorie bezeichnet werden), während Freundlichkeit (aus der Sicht Freuds) aus unserer Sexualität einen unlösbaren Konflikt macht.

Soweit das Paradoxon, mit dem uns die Psychoanalyse konfrontiert. Sie ist die Wissenschaft, die uns symptomatisch mit unserer Ratlosigkeit und Widersprüchlichkeit im Hinblick auf das Thema Freundlichkeit konfrontiert. Wenn unsere Entwicklung in den ersten Jahren genau von dem abhängt, was womöglich unsere Sexualität untergräbt, wenn aber Sexualität gleichzeitig untrennbar zu einem erfüllten Erwachsenenleben gehört, dann sind wir tatsächlich in einen tiefen Widerspruch zu und mit uns selbst verstrickt.

Ist Freundlichkeit die Lösung oder das Problem? Für die Psychoanalyse wurde sie zum ungelösten Rätsel menschlicher Entwicklung. Wenden wir uns daher nun der psychoanalytischen Darstellung vom Segen und Fluch der Freundlichkeit zu. Zu diesem

Zweck vergleichen wir zwei berühmte psychoanalytische Texte, Freuds Abhandlung mit dem bezeichnenden Titel *Über die allgemeinste Erniedrigung des Liebeslebens* (1912) und Winnicotts Aufsatz *Hass in der Gegenübertragung* aus dem Jahr 1947[2].

Hätte Freud seine Schrift *Über die Erniedrigung des Liebeslebens* genannt, dürfte der Leser noch annehmen, nur bestimmte Menschen – wahrscheinlich eine diagnostisch auffällige Gruppe – neigten zu abstoßenden Praktiken. Die Formulierung »allgemein menschliche« Tendenz[3] jedoch drückt offenkundig aus, dass es sich um einen festen Bestandteil menschlicher Veranlagung handelt. Dieser Bestandteil, von dem wir geneigt waren zu hoffen, er fände sich nur bei einigen wenigen »Perversen«, findet sich – so die Feststellung Freuds – bei uns allen. Vielleicht wollen wir alle tatsächlich das töten, was wir lieben, auch wenn die meisten es dann doch nicht tun; vielleicht wollen wir demütigen, was wir lieben, und vielleicht bleibt uns, um zu lieben, nichts anderes übrig. Wir alle können bisweilen, ja einige sogar ausschließlich, nur dann lieben – im vollen sexuellen Sinn von Begehren und Vollzug unseres Begehrens –, wenn wir das Geliebte schlecht oder zumindest unfreundlich behandeln. Unfreundlichkeit, Rücksichtslosigkeit und Verachtung sind die Bedingungen für das, was Freud in diesem Aufsatz die »psychische Potenz« in der Liebe nennt – einfacher gesagt: die Fähigkeit zu echter Befriedigung in der Liebe. Der Wissenschaftler

Freud erzählt uns eine Ursache-Wirkungs-Geschichte, und der Schriftsteller Freud ruft gleichzeitig bei seinem Leser beträchtliches Unbehagen hervor, wenn er ihn mit ansehen lässt, wie sich Fürsorge in einen Erregungskiller und Romanzen in Erniedrigungen verwandeln.

> *»Es klingt wenig anmutend und überdies paradox«*, stellt Freud fest – und kaum ein Leser würde ihm da wohl widersprechen –, *»aber es muss doch gesagt werden, dass, wer im Liebesleben wirklich frei und damit auch glücklich werden soll, den Respekt vor dem Weibe überwunden, sich mit der Vorstellung des Inzests mit Mutter oder Schwester befreundet haben muss.«*

Die Frage ist nun, welche Folgen eine solche Überwindung hat und mit welchen Vorstellungen wir uns konkret befreunden müssen. Führt unser Verständnis der sogenannten normalen Sexualität über die Pathologie, dann ist Freuds Ansatz relativ einfach zu verstehen. Extremes menschliches Sexualverhalten erhellt die normale Sexualentwicklung. Bei Männern »von stark libidinösem Wesen«, bei denen »die Exekutivorgane der Sexualität die Ausführung des geschlechtlichen Aktes verweigern«, analysiert Freud die »psychische Impotenz«, und er entdeckt, dass »die Grundlage des Leidens« in der individuellen »Entwicklungsgeschichte der Libido« zu sehen ist:

Es sind hier zwei Strömungen nicht zusammengetroffen, deren Vereinigung erst ein völlig normales Liebesverhalten sichert, zwei Strömungen, die wir als die zärtliche und die sinnliche voneinander unterscheiden können.

Wir sollen uns also vorstellen, dass es zwei Versionen von uns gibt, zwei Kräfte, die unsere Entwicklung gleichsam prägen. Die eine Kraft nennt Freud die »zärtliche Strömung«, sie ist die ältere und »stammt aus den frühesten Kinderjahren« - wir können in ihr also durchaus eine natürliche Anlage sehen. Die zärtliche Seite unserer Natur beruht Freud zufolge auf dem »Selbsterhaltungstrieb«, und sie ist Grundlage und Medium unserer frühen familiären Beziehungen, zu den Menschen, die uns in den ersten Lebensjahren lieben und versorgen. Diese Zärtlichkeit »hat von Anfang an Beiträge von den Sexualtrieben, Komponenten von erotischem Interesse mitgenommen«, was auch für die Zärtlichkeit der Eltern gegenüber dem Kind gilt. Wenn wir als Erwachsene jemanden begehren, verbindet uns dies also immer wieder mit den ersten, verbotenen, inzestuösen Objekten unseres Begehrens. In der Pubertät tritt dann zu den »zärtlichen Fixierungen« des Kindes auf die Eltern »die mächtige ›sinnliche‹ Strömung hinzu, die ihre Ziele nicht mehr verkennt«. Unser sexuell-sinnliches Begehren als Jugendliche und Erwachsene ist bestimmt von den zärtlichen Regungen unserer Kindheit. Wenn wir später sexuelle Beziehungen mit Partnern eingehen, für die wir Zärtlichkeit empfinden, kommt dies für das Unbewusste einem Inzest gleich. Aus Furcht vor einer solchen Übertretung greifen wir dann zu einem Mittel, das die Psychologen »Splitting« nennen: Es gibt Menschen, denen wir in Zärtlichkeit zugeneigt sind, und es gibt Menschen, mit denen wir Sex haben, und nie werden diese beiden Gruppen sich begegnen.

Wer besonders unter dieser Furcht leidet – und Freud legt natürlich nahe, dass wir letztlich alle darunter leiden –, geht, wenn auch meist unbewusst, bestimmten Menschen aus dem Weg, und zwar meistens genau denen, die er am meisten begehrt. »Es ist also eine Beschränkung in der Objektwahl hergestellt worden«, schreibt Freud in seinem betont nüchternen, wissenschaftlichen Stil:

Die aktiv gebliebene sinnliche Strömung sucht nur nach Objekten, die nicht an die ihr verpönten inzestuösen Personen mahnen; wenn von einer Person ein Eindruck ausgeht, der zu hoher psychischer Wertschätzung führen könnte, so läuft er nicht in Erregung der Sinnlichkeit, sondern in erotisch unwirksame Zärtlichkeit aus. Das Liebesleben solcher Menschen bleibt in die zwei Richtungen gespalten, die von der Kunst als himmlische und irdische (oder tierische) Liebe personifiziert werden. Wo sie lieben, begehren sie nicht, und wo sie begehren, können sie nicht lieben.

Freud zufolge ist der Anfang unseres Lebens von einem Freundlichkeitstrieb (den er verschiedentlich Selbsterhaltungstrieb nennt) und einer »zärtlichen Strömung« gekennzeichnet. Wir empfinden diese Gefühle für unsere Eltern und umgekehrt, wobei dieser Empfindung der sexuelle, »sinnliche« Trieb durchaus beigemischt ist. (Nach Freud ist der Prototyp sexueller Befriedigung der Säugling, der an der Brust der Mutter gestillt wird.) Mit Begehren assoziieren wir instinktiv Zärtlichkeit. Unsere Kultur verlangt jedoch mittels des Inzest-Tabus von uns, diese assoziative Verknüpfung aufzubrechen. Dieser unauflösliche (»allgemeine«) Konflikt, der den Mann impotent macht, ihm die Möglichkeit sexueller Befriedigung raubt, kann nur durch die von Freud so genannte »Erniedrigung« behoben werden:

Das Hauptschutzmittel gegen solche Störung, dessen sich der Mensch in dieser Liebesspaltung bedient, besteht in der psychischen Erniedrigung des Sexualobjektes, während die dem Sexualobjekt normalerweise zustehende Überschätzung dem inzestuösen Objekt und dessen Vertretungen reserviert wird.

Dass uns jemand an unsere Eltern erinnert, erkennen wir daran, dass wir ihn idealisieren bzw., um es mit Freuds plastischerem Begriff zu bezeichnen, »überbewerten«. Mit einer solchen Person dürfen wir sexuell nicht verkehren. Vielmehr dürfen wir nur solche Personen begehren, bei denen sich uns mit Sicherheit keine Möglichkeit der Idealisierung bietet. Um sexuell aktiv werden zu können, wählen wir also entweder »erniedrigte« Objekte – Personen, die sich deutlich unter unserem Anspruchsniveau befinden – oder, und dies ist häufiger der Fall, wir selbst erniedrigen sie, um sie begehren zu können. Freud zufolge können wir das Zusammensein mit dem Anderen nur dann genießen, wenn wir ihn schlecht behandeln. Voraussetzung für sexuelles Begehren sind Unfreundlichkeit, Zärtlichkeitsverzicht und Rücksichtslosigkeit. Der Anfang der Freundlichkeit ist das Ende des Begehrens. Wir erinnern uns, dass in der Kindheit freundliches Verhalten das Medium ist, um Bedürfnisse zu befriedigen und Beziehungen zu stiften. Wenn wir freundlich sind, erkennen wir, dass wir es mit verbotenen Objekten zu tun haben, denn Freundlichkeit ist das, was in der Beziehung zwischen Eltern und Kindern *zugelassen und praktiziert* wird, Sex hingegen das, was in der Beziehung zwischen Eltern und Kindern *verboten* ist. Wer sich als Erwachsener nach sexueller Befriedigung sehnt, muss lernen, unfreundlich zu sein, und Unfreundlichkeit akzeptieren. Sexueller Genuss ist nach Freud eine unbarmherzige Angelegenheit, in der Freundlichkeit nichts zu suchen hat.

Wie nicht anders zu erwarten, ist Freud in dieser Schrift in Bezug auf die Frauen zurückhaltender. Zu Recht war er immer skeptisch, inwieweit es ihm als

Mann möglich sei, Aussagen über Frauen und deren Bedürfnisse zu machen. Unschwer lässt sich erschließen, dass eine sexuelle Begegnung, die für den einen Partner unbefriedigend verläuft, auch den anderen kaum befriedigen kann. Eine Frau, die nicht erniedrigt werden kann, wird sich mit einem überaus frustrierten und verärgerten Mann konfrontiert sehen. Freud legt jedoch mehr Gewicht auf den Umstand, dass unsere »Kultur« die Frauen in der Zeit ihres Heranwachsens sehr lang von sexuellem Wissen und sexueller Erfahrung fernhält und dass es deshalb für sie schwieriger ist, »die Verknüpfung der sinnlichen Betätigung mit dem [Inzest-]Verbot ... auf[zu]lösen.« Nach Freud spielt sich das weibliche Sexualleben über einen derart langen Zeitraum ausschließlich in der Phantasie ab, dass die Frau keinen Bezug zu real praktizierter Sexualität haben kann. Frauen sind andererseits dem Inzesttabu ebenso unterworfen wie Männer und haben daher ein ähnliches Problem: In ihrer Phantasie haben sie Liebe und Verlangen über eine lange Zeit hinweg miteinander verknüpft, müssen sie aber in der Realität dann später wieder voneinander trennen. Freud nimmt an, dass Frauen diese Trennung durch das Verheimlichen ihrer Lustgefühle bewirken.

Ich meine, die Bedingung des Verbotenen im weiblichen Liebesleben ist dem Bedürfnis nach Erniedrigung des Sexualobjektes beim Manne gleichzustellen. Beide sind

Folgen des langen Aufschubes zwischen Geschlechtsreife und Sexualbetätigung, den die Erziehung aus kulturellen Gründen fordert. Beide suchen die psychische Impotenz aufzuheben, welche aus dem Nichtzusammentreffen zärtlicher und sinnlicher Regungen resultiert.

Um begehren zu können, erniedrigt der Mann die Frau; um begehren zu können, verheimlicht die Frau ihre eigenen sexuellen Wünsche, auch vor sich selbst. Die Freundlichkeit der Kindheit, die eine maßgebliche Bedingung für das Zusammenleben von Eltern und Kindern ist, macht das Begehren für den erwachsenen Menschen zum Problem. Zärtlichkeit ist unauflöslich mit starken Gefühlen für die Eltern verflochten und wird daher später zu einer beschönigenden Umschreibung für den Inzest. *Freundlichkeit und Verbot sind nicht zu trennen*; Freundlichkeit wird für uns zum Alarmsignal des Verbotenen und zwingt uns, uns dem Verbotenen zu verweigern. Das ist der Widerspruch, den Freud uns zumutet. Unsere Sexualität macht aus Freundlichkeit ein unvermutet großes Problem. Auch wenn Freud es nie ausdrücklich betonte, so lässt sich aus seinen Ausführungen doch schließen, dass es durchaus einen Freundlichkeitstrieb gibt. Dieser wird jedoch bald zu einem unablösbaren Bestandteil des Geschlechtstriebs, der beim Menschen meistens grenzüberschreitend und insofern bedrohlich ist. Wegen des Inzesttabus erfahren wir unser Begehren als Gefährdung. Mit anderen

Worten: *Unsere Freundlichkeit ist der Schlüssel für unsere sexuellen Probleme, nicht umgekehrt.*

Nie stellte sich Freud der nahe liegenden Frage: Wie kann das Individuum zumindest ansatzweise seine Freundlichkeit mit seinem Begehren verbinden? Was bedeutet es, sexuell freundlich zu sein, wenn dies gleichbedeutend mit sexuell befriedigt ist? Es versteht sich von selbst, dass Mütter ihre Kinder nicht erniedrigen müssen, um sie zu lieben. Dagegen sind alle Erwachsenen in erotischen Beziehungen geneigt, den Partner zu erniedrigen.

Kaum etwas hat die Schrecken menschlichen Zusammenlebens in der Moderne deutlicher zu Tage gebracht als die beiden Weltkriege. Die Psychoanalyse ist insofern ganz ein Kind ihrer Zeit, als sie sich geradezu obsessiv mit Konflikten und der Unmöglichkeit, Beziehungen einzugehen, auseinandersetzt. Dass ein friedliches Miteinander sowohl der Geschlechter und Generationen als auch der modernen Nationalstaaten unmöglich ist, schwingt als bedrohlicher Unterton in allen Schriften Freuds mit. In diesem Kontext wird Freundlichkeit mit Argwohn betrachtet. Freundlichkeit unter den Bedingungen der Moderne ist überhaupt nur denkbar, so die Überzeugung der Psychoanalytiker, in Verbindung mit Aggression. Allein diese Kombination konnte Freundlichkeit mit der notwendigen entschiedenen Durchsetzungsvitalität versehen. Sie läuft dann nicht Gefahr, nur als Fluchtpunkt frommer Wünsche angesichts der offenkundigen Brutalität der menschlichen Natur zu dienen. Die Freundlichkeit der christlichen Demut erschien vom psychoanalytischen Standpunkt aus höchst suspekt. Kurz vor dem Ersten Weltkrieg behauptete Freud, dass Freundlichkeit, die vom sexuellen Begehren losgelöst wird, tiefgreifende Frustration zur Folge hat und einen destruktiven Selbsthass hervorruft, der zu Impotenz und Frigidität führt. Nach dem Zweiten Weltkrieg erklärte Winnicott, dass ein Kind »erst dann glauben kann, dass es geliebt wird, wenn es ihm gelungen ist, gehasst zu werden« – vom Hass abgelöste Freundlichkeit führt also zu Realitätsverlust und fundamentaler Verunsicherung im Bezug zu sich selbst und zu anderen. Ohne Hass ist Intimität nicht denkbar, ein dauerhafter lustvoller Kontakt zwischen Menschen kann nur dann Bestand haben, wenn man den Hass aushält, der zwangsläufig dazugehört.

In *Hass in der Gegenübertragung* beschreibt Winnicott eine Patientengruppe, die er Psychotiker nennt – ähnlich wie Freud seine Beobachtungen am Beispiel einer Patientengruppe erklärt hatte, die unter »psychischer Impotenz« litt –, um durch deren spezifisches Verhalten allgemeinere Mechanismen erklären zu können. (Allem Anschein nach erkennen wir nur an den Extremfällen, was unsere Existenz eigentlich bestimmt.) Winnicotts sogenannte »Psychotiker« unterscheiden sich von Neurotikern in einem entscheidenden Punkt: Der Neurotiker kennt nach Winnicott den Unterschied zwischen Liebe und Hass und weiß, dass er bei sich selbst und anderen mit ambivalentem Verhalten rechnen muss. Er findet sich damit ab, dass in zwischenmenschlichen Beziehungen sowie in den Beziehungen des Menschen zu sich selbst ein ständiges Hin und Her zwischen Gefühlen der Liebe und des Hasses stattfindet: Ich liebe einen Anderen, solange er mir Genuss verschafft, und hasse ihn, sobald er damit aufhört.

Psychotiker sind dagegen tendenziell zurückgeblieben und verharren in einem primitiveren Frühstadium, vergleichbar dem eines Kleinkindes ohne verlässliche Mutterbindung. Für diese Individuen treten Liebe und Hass immer gleichzeitig auf – eine extrem verunsichernde Erfahrung. Sucht ein Psychotiker eine psychoanalytische Praxis auf, dann rekonstruiert er diese erschreckende Situation mit dem Analytiker, was zu signifikanten Problemen führt. So wird der Patient beispielsweise annehmen, dass »der Analytiker in dem Moment, wo er Zuneigung zeigt, den Patienten töten wird«. Wir müssen nicht in die psychoanalytischen Details gehen, um Winnicotts zentrales Anliegen zu verstehen, das (wie die meisten interessanten Aussagen der Psychoanalyse) recht einfach und leicht zu veranschaulichen ist. »Es hilft hier wahrscheinlich weiter«, so Winnicott im Verlauf seiner Illustration, *das Beispiel des Kindes aus zerrütteten Familienverhältnissen anzuführen oder des Kindes ohne Eltern. Ein solches Kind wird ständig unbewusst nach seinen Eltern Ausschau halten. Es wäre also offenkundig unangemessen, einem solchen Kind ein Heim zu geben und es zu lieben. Nach einer gewissen Zeit wird dieses adoptierte Kind dann Hoffnung schöpfen. Es beginnt seine Umgebung zu testen, in der es sich vorfindet, und wird die Fähigkeit seiner Adoptiveltern auf die Probe stellen, wirklich zu hassen. Offensichtlich kann es erst dann glauben, dass es geliebt wird, wenn es ihm gelungen ist, gehasst zu werden.*

Dieses einfache, anschauliche Beispiel ist von Winnicotts Arbeit mit evakuierten Kindern während des Zweiten Weltkriegs ebenso geprägt wie durch seine Erfahrungen mit psychotischen Erwachsenen. Psychotiker sind in diesem Sinn mit Kindern vergleichbar, die von einem Ort evakuiert wurden, der für sie nie ein Zuhause war. Wird das adoptierte Kind geliebt, ohne zuvor gehasst worden zu sein, dann bleibt – aus kindlicher Wahrnehmung – sein innerstes Wesen unerkannt. Es ist so, als würde es von Menschen geliebt, die gar nicht wissen wollen, wer dieses Kind ist und wozu es fähig ist. Einem Menschen, der liebt, ohne zu hassen, kann man nicht trauen. *Freundlichkeit setzt das Eingeständnis von Hass voraus. Die Menschen so zu sehen, wie sie sind, und nicht, wie man sie gern sehen möchte – das ist freundlich und mitmenschlich.*

Im vorigen Kapitel haben wir beschrieben, wie sich ein Kleinkind entwickelt: den Weg von einer magischen Freundlichkeit, mit der es die Eltern besticht, um ihre Liebe hervorzulocken, einem Allheilmittel gegen alles, was die Eltern bekümmert und damit ihrer Sorge um das Kind im Weg stehen könnte, hin zu einer echten Freundlichkeit, die sich mit Feindseligkeit und Aggression arrangieren kann. Für eine intakte Beziehung ist Hass nach Winnicott jedoch entscheidend: Er muss durchlebt werden, darf die Beziehung aber nicht zerstören. Er sorgt dafür, dass sich die Beziehungen zwischen Eltern und Kindern »real anfühlen«. In Winnicotts Version der kindlichen Entwicklung können Beziehungen zwischen Menschen nur durch die Hasserfahrung aus dem Phantasiereich heraus- und in die Realität überführt und eingebracht werden, in die Sphäre also, in der echter Austausch sich ereignen kann. Das hat einen einfachen Grund: Hass ist das, was das Kind fühlt, wenn es die Erfahrung macht, dass seine Mutter oder sein Vater gar nicht anders kann, als es zu enttäuschen. Die Mutter/der Vater ist nicht eine ideale, allesspendende, immer zur Verfügung stehende Phantasiefigur, sondern eine reale Person: Dabei verschiebt sich der Fokus von der realen Mutter, die empörenderweise Grenzen hat, auf die idealisierte Mutter, die das Kind nicht wirklich ernährt. Nur wenn wir reale Personen mit unseren Traummännern oder Traumfrauen vergleichen, können sie uns enttäuschen. Hat ein Kind, so Winnicott, seine Enttäuschung durch die reale Mutter und den realen Vater erst einmal empfunden und ausgelebt, und haben die Eltern ihrerseits diese Enttäuschung des Kindes überstanden – was unter Umständen mit sich bringt, dass sie selbst das Kind hassen, ohne die Beziehung aufzukündigen –, kann ein Kind seine Beziehung mit ihnen auf einer realistischeren Ebene wieder aufnehmen: Jetzt aber hat es seinen Wirklichkeitshorizont erweitert. Wendet sich ein Kind hingegen von seinen Eltern ab, zieht sich aus der Beziehung zurück und stellt seine Forderungen ein – oder wenden sich Eltern von ihrem Kind ab –, dann ist ihr weiteres Zusammenleben nur noch in der Phantasie möglich. Es folgt der zornige Rückzug aus dem wirklichen Leben und aus einer Beziehung, die nur noch in der Idealisierung existiert. Echte Freundlichkeit, echte Mitmenschlichkeit ist notwendig mit Hassen und Gehasstwerden verbunden, also damit, dass alle Beteiligten die in jeder Beziehung real existierenden Frustrationen spüren und akzeptieren. Diese *robustere Freundlichkeit* wird erst durch Frustration und Hass möglich und definiert sich nicht dadurch, dass sie diese Gefühle ablehnt oder leugnet. Freundlichkeit dieser Art kann Ambivalenzen und Konflikte zulassen, während unechte, magische Freundlichkeit unsere Wahrnehmung verzerrt, etwa wenn wir andere Menschen sentimentalisch überhöhen, um Konflikten mit ihnen aus dem Weg zu gehen. *Diese Sentimen-*

talität ist einfach nur Grausamkeit mit veränderten Vorzeichen.

»Ich behaupte, dass die Mutter ihr Baby hasst«, beschließt Winnicott seinen Aufsatz mit einer ebenso ungewöhnlichen wie einleuchtenden These, »noch bevor das Baby die Mutter hasst und bevor das Baby spüren kann, dass seine Mutter es hasst.« Und er führt 18 triftige Gründe an, warum eine Mutter ihr Baby hasst:

> *Es ist erbarmungslos, behandelt sie wie Dreck, wie eine unbezahlte Magd, eine Sklavin. ... Das Baby ist eine Störung ihres Privatlebens, sie kann sich um nichts anderes mehr kümmern. ... Wenn sie am Anfang ihm gegenüber versagt, weiß sie, dass es sie auf ewig dafür zahlen lassen wird. ... Es erregt sie, frustriert sie aber auch – sie darf es nicht vor Liebe auffressen oder sich sexuell mit ihm befassen.*

... und so weiter und so weiter.

Wir alle waren ›Gegenstand‹ und Ziel eines solchen Hasses. Allerdings ist Winnicott zufolge nicht der Umstand, Hassobjekt gewesen zu sein, das eigentliche Mutter-Kind-Problem, sondern vielmehr das Verleugnen oder Ablehnen dieses Hasses. Von Anfang an verspüren wir Hass, ohne es zu wissen. Und eine Mutter balanciert auf dem äußerst heiklen Grat zwischen dem Gefühl, diesem Hass nicht ausweichen zu können, und der Notwendigkeit, ihr Kind nicht zu viel davon spüren zu lassen. Darin besteht das Trauma der Mutterschaft: in der Beherrschung exzessiven Hasses und im Ausleben exzessiver Liebe. Eine echte Mutter-Kind-Bindung darf, so Winnicott, Hass nicht ausschließen. Werden negative Gefühle nicht geduldet, Leid und Enttäuschung nicht als für menschliche Beziehungen wesentliche Elemente anerkannt, dann verkommt Freundlichkeit zu einem Erpressungsmittel, und Pseudo-Mitmenschlichkeit verdrängt die tatsächlich vorhandenen Gemeinsamkeitsgefühle.

Winnicott legte in der Nachfolge Freuds Wert darauf, Freundlichkeit so zu erkennen und zu deuten, dass sie kein Hindernis für befriedigende Intimbeziehungen mehr darstellen muss. Psychoanalytisch gesehen haben wir Freundlichkeit bisher grundlegend missverstanden: Unsere herkömmliche Art der Beschreibung dessen, was wir Menschen gemeinsam haben, was uns zusammenhält und uns füreinander attraktiv macht, behinderte unser Zusammenleben eher, als es zu fördern und stärken. *Unsere historisch tradierten Freundlichkeits-Vorstellungen passen nicht in die moderne Welt.* Im Gegenteil, sie verzerren in ihren sentimentalisierten Extremformen geradezu unser Bild von Wirklichkeit. *Liebe, die Hass tabuisiert, ist der Tod der Mitmenschlichkeit.* Gibt es einen Freundlichkeitstrieb, dann muss er die Ambivalenz menschlicher Beziehungen mit einbeziehen: Es ist freundlich, Konflikte in sich selbst und mit anderen auszuhalten und gegenüber sich selbst und anderen zugunsten der Wirklichkeit auf Magie und Sentimentalität zu verzichten. Es ist freundlicher, Personen so zu sehen, wie sie wirklich sind, und nicht, wie wir sie gern hätten. Und es ist am freundlichsten, seinen Mitmenschen ihrer Eigenart und ihrer Situation gemäß beizustehen.

Kapitel 5

Zeitgemäße Freundlichkeit

Donald D. Winnicott schrieb im Jahr 1970: »Es ist ein Zeichen geistiger Gesundheit, wenn ein Mensch sich in seiner Vorstellung genau in die Gedanken, Gefühle, Hoffnungen und Ängste einer anderen Person einfühlen und es auch zulassen kann, dass sich der Andere in ihn hineinversetzt.« Es gehört zu einem gelingenden Leben, sich mit Mitmenschen identifizieren zu können und ebenso Andere identifikatorisch an der eigenen Existenz Anteil nehmen zu lassen. Unfreundlichkeit geht mit einer so empfindlichen Einschränkung unseres Vorstellungsvermögens einher, dass sie nicht nur unser Glück, sondern auch unsere Gesundheit bedroht. Jean-Jacques Rousseau war überzeugt, dass uns erst die Sorge um unsere Mitmenschen eigentlich zu Menschen macht. Wir sind voneinander abhängig – nicht nur wenn es um unser Überleben geht, sondern um unseres schieren Daseins willen. *Ein menschliches Wesen ohne freundschaftliche Bindungen ist entweder ein Phantom oder ein Wahnsinniger.*

Von dieser fundamentalen Einsicht will die moderne abendländische Gesellschaft jedoch nichts wissen. Unabhängigkeit geht ihr über alles. Andere zu brauchen ist ein Zeichen von Schwäche. Nur Kindern, Kranken und Alten gesteht man dieses Recht auf Angewiesensein zu. Als Kardinaltugenden der Moderne gelten Selbstgenügsamkeit und Autonomie. Abhängigkeit darf selbst in Paarbeziehungen nicht auftreten, so als wäre Abhängigkeit oder Angewiesensein nicht mit Eigenständigkeit zu vereinbaren (wo sie sie im Gegenteil doch erst ermöglichen). Der ideale Liebhaber, die ideale Ehepartnerin ist ein freischwebendes Wesen, für welches das Geben und Nehmen in einer Liebesbeziehung eine frei verschiebbare Lifestyle-Option darstellt; und selbst auf dem Feld intensiven Begehrens und Sehnens ist Bedürftigkeit ein unbedingt zu vermeidender Zustand.

Wir alle sind in Wirklichkeit vollkommen abhängige Kreaturen. Die abendländische Geistesgeschichte hat dies auch weitgehend nicht geleugnet. Selbst die Stoiker, die ja der Autarkie in Reinkultur huldigten, würdigten den angeborenen menschlichen Drang, Freundlichkeit zu geben und Wohlwollen zu empfangen. »Individualismus« ist ein sehr modernes Phänomen. Die Aufklärer, die allgemein als Vorreiter des abendländischen Individualismus gelten, propagierten »soziale Neigungen« als Ausgleich »privater Interessen«. In der viktorianischen Ära, dem sogenannten Goldenen Zeitalter des Individualismus, kam es immer wieder zu heftigen Auseinandersetzungen zwischen Verfechtern und Kritikern des ökonomischen Individualismus. In den frühen 1880er Jahren kritisierte der Historiker und christliche Aktivist Arnold Toynbee in einer Vortragsreihe für Arbeiter über die Industrielle Revolution in England vehement die von den Propheten des Kapitalismus und der freien Marktwirtschaft entworfene Vision einer egoistischen Natur des Menschen. Diese angebliche »Welt goldsuchender Tiere, denen jede menschliche Regung abgeht«, sei »weniger real als die Insel Liliput«, empörte er sich. Amerikanische Transzendentalisten griffen ebenfalls im 19. Jahrhundert den Geist »egoistischen Wettbewerbs« an und gründeten Gemeinschaften »brüderlicher Kooperation«. Sogar Charles Darwin, Prophet und Lichtgestalt moderner Individualisten, sprach sich mit aller Deutlichkeit gegen eine Auffassung aus, die im Menschen vor allem ein selbstbezogenes Wesen sieht; Triebe, die sich auf die Mitmenschen richten, waren für ihn nicht weniger effizient als der Selbsterhaltungstrieb. In der *Abstammung des Menschen* (1871) legt er dar, dass Einfühlungsvermögen und Kooperationsbereitschaft dem Menschen angeboren sind und für den evolutionären Erfolg der Menschheit eine herausragende Rolle gespielt haben.

Darwins Freundlichkeitsargumente waren wissenschaftlich, nicht religiös begründet. Für die meisten Viktorianer jedoch blieb die christliche *caritas* der Inbegriff von Freundlichkeit. Gott zu dienen war gleichbedeutend mit dem Dienst am Nächsten, mit dem Engagement in einer der zahlreichen kirchlichen philanthropischen Organisationen. Personen und Organisationen, die ausdrücklich nicht kirchlich gebunden waren, übernahmen dieses Ethos, es wurden Vereine und Körperschaften gegründet, die sich den Altruismus ihrer Mitglieder auf die Fahnen schrieben, während gleichzeitig Politiker ihr Engagement für die Allgemeinheit zur Schau stellten. Aufopferung für die Mitmenschen und soziales Pflichtbewusstsein wurden Schlüsselqualifikationen der »imperialen Mission« und Leitstern für zahllose männliche wie weibliche Idealisten, die bereitwillig die »Last des weißen Mannes« auf sich nahmen. Zur gleichen Zeit fielen auf der anderen Seite des Atlantik scharenweise Philanthropen über verarmte Amerikaner her in der hehren Absicht, deren Moral zu heben, indem sie ihre wirtschaftliche Not linderten. Macht, vermengt mit sozial-karitativen Zielsetzungen, wurde zu einer offensiv anwendbaren Wirkungsgröße, die im kleinen Reich der Innenpolitik wie im Weltreich der Kolonialpolitik die mitmenschlichen Beziehungen prägte.

Heute betrachtet man diese Spielarten der Philanthropie eher mit Skepsis. Die viktorianische Freundlichkeit wird kritisiert, weil sie moralisch selbstgerecht, von klassenspezifischen Vorurteilen durchdrungen und von einer rassistisch-imperialistischen Mentalität geprägt war. Schon Nietzsche verhöhnte die Gutmenschen des 19. Jahrhunderts und decouvrierte sie als »Leute mit schlechtem Gewissen«. Diesen barmherzigen Samaritern mangelte es nicht an Zeitgenossen, die ihren ganzen Habitus anstößig und abstoßend fanden – von der pointiert-bissigen Sentenz Oscar Wildes über die »ungesunde Heuchelei der Pflicht« bis hin zu Radikalen und Sozialisten, die Wohltätigkeit durch Gerechtigkeit, von Klassendünkel geprägte Freundlichkeit durch allgemeine Rechte ersetzen wollten. Die Schrecken des Ersten Weltkriegs enthüllten dann schonungslos, wie hohl die imperialistischen Aufopferungsphrasen tatsächlich waren. Und das Ideal des Dienens wurde untergraben, als sich in der Nachkriegszeit die traditionellen sozialen Hierarchien auflösten. Selbstlose und mitmenschlich-hingebungsvolle Frauen, die ihr Gebaren für jedermann deutlich vernehmbar zur »weiblichen Pflicht« deklariert hatten, begannen nun die Vorteile der Gleichberechtigung zu erwägen. Stimmte es womöglich gar nicht, dass eine Frau das Wohl ihrer Mitmenschen immer dem Eigenwohl überzuordnen hatte? »Poorpeopling«, wie Florence Nightingale den philanthropischen Einsatz von Frauen in benachbarten Elendsvierteln bezeichnete, kam aus der Mode, eine vielfach begrüßte Veränderung: Gewerkschaften wurden gegründet und die Regierungen lautstark aufgefordert, die Armut, statt sie erträglich zu machen, lieber ganz zu beseitigen. Zu Beginn des 20. Jahrhunderts war der moralische

Glanz, in dem »gute Werke« bis dahin erstrahlten, stumpf geworden.

Verbindet sich aufdringliche Freundlichkeit mit Macht, dann droht sie in moralin-süßsaure Bevormundung umzukippen – wie es ja auch heute noch Sozialhilfeempfänger leidvoll erfahren. William Beveridge, Vordenker des englischen Wohlfahrtsstaates, war sich dieser Gefahr sehr wohl bewusst. Als das viktorianische Gutmenschentum bereits schal geworden war, begann er seine öffentliche Karriere. Leidenschaftlich sprach er sich gegen den Geist des »Stellvertretungshandelns für andere« aus, wie er die organisierte Wohltätigkeit nannte, und kündigte an, dass er wissenschaftlich, ohne sentimentalen Überbau, die Sozialprobleme zu lösen gedenke. »Ich hege tiefes Misstrauen gegen das rettende Potential von Kultur, kirchlichen Einrichtungen und isoliertem moralischen Empfinden ...« Jedes menschliche Handeln, so seine feste Überzeugung, beruhe letztlich auf Egoismus. Doch Beveridge – eine unglaublich liebenswürdige Persönlichkeit, die sich aus ganzem Herzen der Verminderung menschlichen Leids verschrieben hatte – konnte auf diesem Standpunkt nicht lange beharren. Seinen außergewöhnlichen *Report* aus dem Jahr 1942, in dem die Prinzipien einer Versorgung durch Wohlfahrtseinrichtungen von der Wiege bis zur Bahre festgehalten sind, lobten seine Bewunderer als »konkretisierte Wohltätigkeit«. Seine ersten Schritte im politischen Leben tat er als

Liberaler, und er starb als überzeugter Sozialist, ganz den altruistischen Werten verschrieben, die er als junger Mann verworfen und bekämpft hatte. Den »Geist des sozialen Gewissens« pries er nun als Grundstein einer funktionierenden Gesellschaft. »Das Glück oder Unglück der Gesellschaft, in der wir leben, hängt von uns selbst, ihren Bürgern, ab.«

Beveridges Vorstellung von Mitmenschlichkeit war entschieden modern und volksnah, *caritas* ohne die herablassend-autoritäre Attitüde viktorianischer Gutmenschen. Für seinen Freund und Schwager Richard Tawney, einen christlichen Sozialisten, setzte diese Menschenfreundlichkeit Gleichheit voraus. Ungleichheiten, sei es nun im Hinblick auf Wohlstand, Privilegien, Aufstiegschancen oder welcher Art auch immer, standen der Mitmenschlichkeit im Weg. Tawney schrieb im Jahr 1931, die »Religion der Ungleichheit«, der man in England allgemein anhing, »vulgarisiere« und »entwerte« alle menschlichen Beziehungen. Seine Eindrücke übten zusammen mit seiner Kritik an der Ideologie des Freien Marktes und seinem Plädoyer für die Wohlfahrtsstaats-Prinzipien nachhaltigen Einfluss auf die Labour-Bewegung aus.

Aber Beveridges Wohlfahrtssystem führte nicht zu Gleichheit. Die neuen gemeinnützigen Einrichtungen, die im Nachkriegsengland eingeführt wurden, verstärkten zahlreiche bereits bestehende Ungleichheiten. Die Vision eines Staates, der sich wohlwollend um die Aufrechterhaltung der allgemeinen Gesundheit kümmert, war dennoch keine reine Utopie. Nachdem der National Health Service gegründet worden war, verbesserte sich das Leben der meisten Engländer merklich. Die Prinzipien des NHS – Leistungen auf der Basis dessen, was der Einzelne braucht, sowie gleiche medizinische Behandlung aller, ungeachtet der finanziellen Möglichkeiten des Einzelnen – forderten 1948 allgemeine Solidarität. Dies hat sich bis heute nicht geändert, obgleich etliche destruktive »Reformen« darauf zielten, diese Prinzipien auszuhöhlen. Heute ist der NHS eine archaische Einrichtung, ein Dinosaurier des öffentlichen Altruismus, der sich stur weigert, endlich aufzugeben und sein Leben auszuhauchen. Nachdrückliche Versuche diverser Regierungen, das System zu kommerzialisieren, haben viel Schaden angerichtet, doch das Ethos der Mitmenschlichkeit ist noch immer wirksam und belegt, was Richard Titmuss, einer der einflussreichsten Vorkämpfer des NHS, als das allgemein menschliche Bedürfnis beschrieb, »Fremden zu helfen«.

Warum sollte es irgendjemanden interessieren, ob eine Person, die er überhaupt nicht kennt, die gesundheitliche Versorgung bekommt, die sie braucht? Vor dem Hintergrund der Hobbes'schen Vorstellung von der menschlichen Natur macht das in der Tat keinen Sinn, doch es ist nach Titmuss einfach überwältigend offensichtlich, dass es den Menschen eben *durchaus* ein Anliegen ist.

Im Jahr 1970 veröffentlichte Titmuss *The Gift Rela-*

tionship, eine Studie, die ermittelte, was Menschen zur Blutspende motiviert, und belegte darin, welch bedeutende Rolle Mitmenschlichkeit im National Health Service nach wie vor spielt. Auf die Frage, warum sie Blut spenden, antworteten 98,2 Prozent der Spender, sie wollten einem Mitmenschen helfen, auch wenn sie ihn nie kennen lernen werden. »Kranke Leute können nicht ihr Bett verlassen und Sie um einen halben Liter Blut bitten, damit sie weiterleben können, und deshalb bin ich hier, in der Hoffnung, jemandem helfen zu können«, so lautete eine Antwort auf dem Befragungsbogen. Menschen, die sich so verhalten, leben, so Titmuss, einfach gemäß einer »fundamentalen Wahrheit« menschlicher Existenz: »Wer sich selbst liebt, muss Fremde lieben.« Eine funktionierende Gesellschaft beruht auf dieser Wahrheit und errichtet deshalb Sozialsysteme in der Erkenntnis, dass alle Menschen abhängig und aufeinander angewiesen sind und einander Hilfe und Beistand schulden. Eine unzulängliche Gesellschaft dagegen enthalte ihren Mitgliedern das »Recht zu geben« vor und begründe dies mit dem fadenscheinigen Alibi eines Rechts auf Freiheit und Unabhängigkeit.

Titmuss war wie Richard Tawney, sein Freund und Genosse bei den Sozialdemokraten, ein erbitterter Feind der Idee des Freien Marktes. Privatwirtschaft, meinte er, sei alles andere als ein Reich der Freiheit; sie schränke die Menschen im Gegenteil extrem ein und zwinge ihnen Situationen auf, die ihrem angeborenen Altruismus den Garaus machen. In *The Gift Relationship* verurteilte Titmuss daher auch die amerikanische Praxis, Blutspender zu bezahlen: Wenn die Großherzigkeit des Einzelnen nicht mehr gefragt sei, lasse sich auch die je persönliche Mitmenschlichkeit nicht mehr leben. Die Kommerzialisierung einer Beziehung, die auf freiwilligem Geben beruhte, entfremde die Menschen voneinander. Der »universale Fremde« – also wir alle, die wir wechselseitig voneinander abhängig sind – verwandele sich von einem konkreten Individuum, das unserer Fürsorge bedarf, in ein fremdes schemenhaftes Wesen: Die Gemeinschaftsbindungen werden auf fatale Weise ausgedünnt und anonymisiert.

The Gift Relationship war außerordentlich einflussreich und wird in Wohlfahrtskreisen nach wie vor hoch geschätzt: ein ergreifendes Werk, das sich mit Löwenmut der ständig anschwellenden Privatisierungswoge entgegenstemmt, die in den Jahrzehnten seit seiner Veröffentlichung die westlichen Industriestaaten überrollt hat. Margaret Thatchers Wahlsieg im Jahr 1979 markierte in England die Niederlage der Vision, die Beveridge, Tawney und Titmuss von einer freundlich-mitmenschlichen Gesellschaft hatten. Unter der Präsidentschaft Ronald Reagans in den 80er Jahren erlebte man in den USA gleichzeitig eine Erosion des Wohlfahrtswesens. Freundlichkeit verkümmerte zu einem Beweggrund, der nur noch für

Minderheiten eine Rolle spielte: für Eltern (besonders Mütter), »Helferberufe« und den einen oder anderen sandalentragenden Gutmenschen. Die 1990er Jahre brachten dann zwar unter dem Motto »caring, sharing« (Mitgefühl und Anteilnahme) eine Rückkehr zu gemeinschaftlichen Werten, aber diese rhetorische Seifenblase platzte, als die Kinder der Thatcher- und Reagan-Ära dann erwachsen waren, sich auf die Ideologie des freien Marktes eingeschworen hatten und nicht einmal mehr eine verschwommene Vorstellung von der Vision sozialer Gerechtigkeit hatten, die ihre Eltern und Großeltern Mitte des 20. Jahrhunderts eindrucksvoll vertreten hatten. Als sich 1997 New Labour in Großbritannien durchsetzte und George W. Bush im Jahr 2000 zum Präsidenten der Vereinigten Staaten gewählt wurde, wurde wettbewerbsorientierter Individualismus zur unumschränkt herrschenden Ideologie. Das »Abhängigkeits«-Tabu wurde noch verstärkt durch die Predigten von Politikern, Arbeitgebern und einem politisch-ideologisch vielfältigen Spektrum wohlgenährter Moralisten, die den Angehörigen der sozialen Unterschicht, den Armen und Schutzlosen, die Tugenden der Eigenständigkeit nahezubringen suchten. Premierminister Tony Blair plädierte für ein »klar konturiertes Mitgefühl«, das die schwammigen Vorstellungen seiner Vorgänger ablösen sollte. »Der neue Wohlfahrtsstaat muss Arbeit fördern, nicht Abhängigkeit«, erklärte er, während ein Heuschreckenschwarm von Einsparspezialisten sich mit dem Rotstift über die Wohlfahrtseinrichtungen Großbritanniens hermachte.

Gleichzeitig wurde »care« zum neuen Schlagwort. Heute findet sich der Begriff allenthalben. In öffentlichen Einrichtungen stößt man auf »care-provider« (Leistungserbringer), die »care packages« (Leistungspakete) gemäß den Kriterien zur Verfügung stellen, die durch »care assessors« (Leistungsgutachter) festgesetzt wurden. 2007 verordnete die Blair-Regierung den NHS-Krankenschwestern zu lächeln – per Erlass: »Ein zentrales Ergebnis der Diskussionsgruppen war«, so erklärte ein Kabinettsmitglied, »dass die Krankenschwestern nicht deutlich genug den Eindruck von Zuwendung vermittelten. Man war ... der Meinung, dass sie mehr lächeln sollten.« Eine Ankündigung folgte, dass das Lächelverhalten der Pflegekräfte (die »empathische Zuwendung«) gemessen und die Auswertung auf einem »Einfühlungs-Index« online veröffentlicht werden sollte. »Wenn einer dieser wild gewordenen Erbsenzähler sich mir mit seinem ›Einfühlungs-Index‹ nähert«, so der Kommentar einer Krankenschwester auf der Website des *Guardian*, »bekommt er ihn von mir rektal verabreicht.«

Öffentliche Maßnahmen zur »Kundenorientierung« wie diese sind Karikaturen dessen, was auf dem Sektor der Privatwirtschaft unternommen wird, wo einfühlsames Verhalten schon seit geraumer Zeit obligatorisch ist: Angestellte der immer zahlreicher werdenden Call-Center etwa trainieren »Wärme«

und »Empathie«; Wal-Mart-Mitarbeiter prunken mit ihren »Happy to Help«-Plaketten. Firmen heuern Fachleute für emotionale Intelligenz an und testen die »Empathiekompetenz« ihrer Manager. Eine große amerikanische »Gesellschaft für emotionale Intelligenz« *(TalentSmart)* behauptet, die Angestellten von 75 Prozent der 500 umsatzstärksten Unternehmen der Welt (der »Fortune Global 500«-Liste) zu testen. Aufschlussreich ist auch der Bericht zur britischen Arbeitskultur der Journalistin Madeleine Bunting von 2004 *(Willing Slaves)*. Sie beschreibt »Empathie-Prüfungen«, die von der Management-Beratungs-Firma Harding & Yorke für viele hundert bedeutende Unternehmen durchgeführt werden. Die Äußerungen von Mitarbeitern werden auf Band aufgezeichnet und die Aufnahmen auf ihre Empathiequote hin analysiert. »Herzlichkeit ist für uns eine ganz wichtige Sache«, erfuhr Bunting von einem der Berater von Harding & Yorke.

Sonderlich subtil ist die unfreiwillige Ironie dieser Verhältnisse nicht. Der Kapitalismus ist nun einmal einfach kein System für einfühlsame Gemüter. Dies geben sogar seine Anhänger zu, sie beharren indes zugleich darauf, dass bei aller Unbarmherzigkeit der kapitalistischen Motive die Resultate doch in hohem Maße sozialverträglich seien. Frei entfesseltes Unternehmertum erzeuge Wohlstand und Glück für alle. Wie alle utopischen Glaubenssätze ist auch dieser höchst trügerisch. Freie Marktwirtschaft zersetzt die

Gesellschaft, die ihre Grundlage ist. Das folgenreiche, ja epochale Paradox des modernen Kapitalismus, so der frühere Thatcher-Anhänger John Gray in seinem Buch *Die falsche Verheißung* aus dem Jahr 1999, besteht darin, genau die gesellschaftlichen Institutionen irreversibel zu zerstören, die ihn einst ermöglicht haben: Familie, Karriere, Gemeinschaft. Heute wird in Großbritannien eine von zwei Ehen geschieden; jedes vierte Kind wächst mit nur einem Elternteil (meistens der Mutter) auf. Seit 1974 hat sich der Anteil englischer Haushalte ohne einen festangestellten Erwerbstätigen auf 14 Prozent verdoppelt. Der Prozentsatz der gescheiterten Ehen in den USA liegt noch höher als in Großbritannien; 38 Prozent der amerikanischen Haushalte bestehen aus nur einem Elternteil (84 Prozent davon Mütter) – dreimal so viele wie 1970. In 20 Prozent der amerikanischen Familien hat kein Familienmitglied eine Arbeit. Stabile Berufslaufbahnen – »Berufe auf Lebenszeit« – wurden durch freiberufliche Tätigkeit oder Kurzzeitbeschäftigungen abgelöst. Diese bringen Überstunden mit sich, erfordern hohe Mobilität und führen zu chronischer Unsicherheit. Unter dem Druck dieser Veränderungen zerfallen Gesellschaftsstrukturen, die auf dem Fundament stabiler Familien- und Arbeitsbeziehungen beruhen.

Für immer mehr Engländer und Amerikaner führt diese »Unternehmenskultur« zu einer überbelasteten, angsterfüllten und isolierten Existenz. An oberster

Stelle steht der Wettbewerb; ihm müssen sich bereits – mit bedenklichen Folgen für ihre Gesundheit – kleine Kinder stellen und unterwerfen. Die größte unabhängige Studie zur Grundschulerziehung seit 40 Jahren ergab im Jahr 2007, dass der Stress bei Kindern, die vom Kindergartenalter an ständig getestet werden, immens gestiegen ist. Die Autoren äußerten sich angesichts dieser Ergebnisse »im höchsten Maße besorgt«. »Mind«, eine gemeinnützige Organisation für seelische Gesundheit, veröffentlichte 2008 ein Informationsblatt, in dem sie Kinder vor den Gefahren von Prüfungsstress warnt: Sie reichen von Schlaflosigkeit über Panikattacken und Depressionen bis hin zu Selbstmordgedanken. »Versucht nicht, allein damit fertig zu werden«, wurde den Kindern eingeschärft. Warum lassen wir zu, dass mit unseren Kindern so umgesprungen wird, dass derartige Warnungen notwendig werden? Wie konnte sich solch ein idiotisches Verhalten durchsetzen?

Eine nur auf Wettbewerb beruhende Gesellschaft, die ihre Mitglieder in Gewinner und Verlierer aufteilt, landet zwangsläufig in misanthropischer Unfreundlichkeit. Der Mensch ist ein ambivalentes Wesen, das hat unsere Untersuchung gezeigt. Freundlichkeit und Mitmenschlichkeit sind uns ebenso angeboren wie Aggression und Grausamkeit. Wird ein Kind tyrannisiert, dann wird es selbst zum Tyrannen. Ebenso werden Menschen, die ständig von innen oder außen unter Druck gesetzt werden, wiederum andere unter Druck setzen. Sympathien aufrechtzuerhalten ist unmöglich, wenn Aufgeschlossenheit und Mitmenschlichkeit nicht anerkannt und für wertvoll erachtet werden. Wo Menschen nach Schuldigen für ihr Unglück suchen, beginnt sich die Paranoia einzunisten. Eine derartige Suche nach einem Sündenbock kommt jedoch einem Selbstbetrug gleich, dem auch unsere Freundlichkeit zum Opfer fallen muss.

Viele sind dennoch bereit, diesen Preis zu zahlen, und ersetzen umfassende gemeinschaftliche Bindungen durch die Bildung engerer, rein interessenbezogener Gruppen, die nach außen häufig höchst aggressiv auftretend. Eine Unkultur der »Härte« und des Zynismus bildet sich heraus, genährt vom bewundernden Neid auf alle, die sich in dieser Umgebung von Hauen und Stechen erfolgreich behaupten: die Prominenten, Priesterkaste der Gegenwart, die Reichen, Berühmten und Schönen.

Gewisse Spielarten der Freundlichkeit bleiben trotz dieser unwirtlichen Umstände erhalten. Wie schon mehrfach betont, wird heutzutage vor allem im Zusammenleben von Eltern und Kindern eine Insel der Freundlichkeit inmitten eines Meers von Grausamkeit gesehen. Aber dieses chronische Zelebrieren elterlicher Freundlichkeit kann auch zu beträchtlichen Irritationen führen. Wer am Arbeitsplatz Härte und selbstbezogenes Stehvermögen demonstrieren muss, sollte diese Haltung zu Hause komplett abstreifen. Schon Männern fällt dies nicht leicht; noch mehr aber fordert dies die berufstätigen Frauen heraus, denn es ist noch nicht allzu lange her, dass sie sich von den überkommenen Ideologien weiblicher Aufopferung verabschiedet haben, um sich in einer rücksichtslosen Arbeitswelt behaupten zu können. Und nun sehen sie sich wieder vor der Aufgabe, sich vollkommen auf die Sorge um ihre Kinder einzulassen.

Die aktuelle Flut von Pressemeldungen zu den Leiden der neuen Mütter belegt, wie irritierend diese Übergangsphase ist: Frauen, die zur Zeit eines hemmungslosen Ego-Kults aufgewachsen sind, entdecken plötzlich die Freuden und Leiden der Selbstlosigkeit. Und diese Verwirrung der Frauen drückt sich auch anderweitig in der Gesellschaft aus, weil auch weiterhin überwiegend Frauen in den »Pflegeberufen« angestellt sind, wo sie trotz einsparungserpichter Verwaltungschefs zu Hungerlöhnen und mit geringer sozialer Anerkennung die Fahne der Mitmenschlichkeit hochhalten (sollen). In der Vergangenheit verschaffte die gedankliche Einheit von Frauen mit Freundlichkeit diesen immerhin noch ein gewisses Ansehen, heute jedoch gilt sie schlicht als Symbol für ohnmächtige Bedeutungslosigkeit. Freundlichkeit mag bewundernswert sein, in gewisser Weise ist sie aber auch ein Zeichen für Schwachsinn.

Was können wir tun?

Nichts, würden wohl viele sagen. Der Mensch ist

von Natur aus egoistisch, und damit hat es sich; wir müssen sehen, wie wir mit den Folgen fertig werden. Die Zeitungen liefern uns ständig Berichte über die wissenschaftlichen Beweise für diesen Pessimismus. Wir lesen von habgierigen Schimpansen, Egoismus-Genen, erbarmungslosen Strategien bei der Auswahl von Geschlechtspartnern, sogar Reportagen über die für ihre Kooperationsfähigkeit so gerühmten Erdmännchen, die eigentlich nichts anderes tun, als »ihren Rücken anzustarren«. Schonungslos konstatiert Richard Dawkins, berühmt für sein »egoistisches Gen«: »In einer menschlichen Gesellschaft, die nur auf dem durch das Gen vorgegebenen Gesetz eines allgemeinen, erbarmungslosen Egoismus beruht, könnte man es nur schwer aushalten. Leider ändert das, auch wenn wir es noch so sehr bedauern, nichts daran, dass es zutrifft ...« Aber die Hoffnung gibt Dawkins dennoch nicht auf:

Wenn Sie, wie ich, daran interessiert sind, eine Gesellschaft zu errichten, in der die Individuen großzügig und selbstlos im Blick auf ein allgemeines Gutes kooperieren, dürfen Sie von den biologischen Voraussetzungen nicht allzu viel erwarten. Da wir als Egoisten geboren werden, wollen wir vielmehr versuchen, Großzügigkeit und Altruismus zu lehren ... Wir wollen verstehen, worauf unsere Egoismus-Gene aus sind, denn dann haben wir zumindest eine Möglichkeit, ihre Pläne zu durchkreuzen.

Wir müssen uns zwar damit abfinden, dass die Natur den Menschen als Ekelpaket angelegt hat, aber »wir« – altruistische Menschen wie Dawkins also, die es auf geheimnisvolle Weise geschafft haben, ihr genetisches Schicksal zu durchschauen und ihm auf diese Weise zu entkommen – können die Verhältnisse trotzdem in Ordnung bringen. Damit aber befinden wir uns wieder mitten im Reich der magischen Freundlichkeit, der Art von Freundlichkeit, die uns aus der frühen Kindheit so vertraut ist. Nun soll sie allerdings nicht mehr nur mit dem normalen menschlichen Unglück fertig werden, sondern gleich mit den gesamten Gegebenheiten der Humanbiologie. Zur Fadenscheinigkeit der Dawkins'schen Diagnose des Dilemmas, in dem sich der Mensch vorfindet, passt die Absurdität dieser Lösungsvision perfekt.

Aber auch naturgegebener Altruismus hat seine wissenschaftlichen Verteidiger. Evolutionstheoretiker verweisen auf die hohen Replikationsaussichten der DNA freundlicher Menschen, und Neurologen berichten von erhöhter Aktivität in der hinteren oberen Schläfenlappenpartie des Gehirns altruistischer Individuen. Umfangreiche Studien behaupten, selbstloses Verhalten unter Tieren, vor allem bei Ameisen belegen zu können; deren Bereitschaft, sich selbst zum Wohl ihres Staates zu opfern, hinterlässt regelmäßig einen tiefen Eindruck bei Boulevardjournalisten. Andererseits steht als Imperativ hinter dieser Selbstlosigkeit – das räumen die Wissenschaftler auch durchaus ein – die Sicherung langfristiger Interessen, in erster Linie der Fortbestand der eigenen Art. Naturwissenschaftlich betrachtet ist Freundlichkeit im Grunde immer »eigennützig«.

»Naturwissenschaft« heißt möglicherweise die neuzeitliche Religion, doch nicht jeder traut ihren Pseudo-Gewissheiten oder mag sich von ihnen beruhigen lassen. Viele unter uns halten immer noch Ausschau nach »christlichen Werten«; mit ihnen hoffen sie, ein menschliches Zusammengehörigkeitsgefühl wiederherstellen zu können, das in einer säkularen Welt seine ethischen Grundlagen verloren hat. Die christlichen Leistungen auf dem Gebiet der Freundlichkeit sind allerdings nicht sonderlich vertrauenerweckend, denn das Bonmot von Jonathan Swift gilt leider nach wie vor: »Wir haben gerade genug Religion, um uns zu hassen, aber nicht genug, um uns zu lieben.« Mit anderen Religionen ist es in Sachen Freundlichkeit auch nicht besser bestellt. Die geistig-spirituelle Situation ist auch heute von heftigen wechselseitigen Schmähreden innerhalb der jeweiligen Religion und zwischen den großen Religionen gekennzeichnet, für religiöse wie nicht-religiöse Menschen ein betrübliches Bild. Der türkische Nobelpreisträger Orhan Pamuk verteidigt in seinen Romanen leidenschaftlich das »einzigartige menschliche Talent«, sich mit »dem Schmerz, der Freude, dem Stumpfsinn der Anderen« zu identifizieren, was auch diejenigen Anderen mit umgreift, deren Eigenschaften einem zuwider sind (»sich mit jemandem identifizieren bedeutet nicht, dass man mit ihm einer Meinung ist«). Als Pamuk dann jedoch einen Roman vom Standpunkt radikaler Islamisten aus schrieb (*Schnee*, 2002), wurde er als »Kopftuch-Professor« diffamiert. Die einfallslos-beruhigenden Sicherheiten eindeutiger Grenzziehungen schätzt man offensichtlich mehr als verstörende Andeutungen menschlicher Gemeinsamkeiten auch über kulturelle Grenzen hinweg. Wie es scheint, werden heutzutage im Vergleich mit Mitmenschlichkeit Hass und Entfremdung als bequemer und effizienter empfunden. Die Menschen aber sehnen sich nach Mitmenschlichkeit. Gegenseitige Sympathie und Freundlichkeit bleiben die echten großen Wunschträume der sozialen Existenz. Wie kann es uns gelingen, sie zu verwirklichen?

Rousseau, Wordsworth und viele andere haben gezeigt, dass der Schlüssel in der Kindheit liegt. Kinder seien von Natur aus grausam, das ist auch heute immer wieder oder immer noch zu hören; weniger oft erfährt man, dass sie von Natur aus freundlich sind, dass sie instinktiv am Wohlbefinden Anderer interessiert sind, oft verstört von deren Leiden und eifrig bemüht, es zu lindern. Die »unschuldigen« Kinder aus dem 19. Jahrhundert muten uns heute kitschig an, dabei waren sie ein Versuch, für kindlich-spontane Güte und Warmherzigkeit einzutreten, die verlorenging, wenn das Kind heranwuchs. Der Verlust kindlicher Unschuld spiegelte den Verlust einer liebevolleren, zutraulicheren Natur. Auch im 18. und 19. Jahrhundert dürften Kinder gierig, gewalttätig und ängstlich gewesen sein, doch wurden sie zugleich als Wesen angesehen, die Freude empfanden, wenn es ihren Mitgeschöpfen gut ging, für die die Freundlichkeit ihrer Mitmenschen wesentlich zu ihrer eigenen Lebensfreude beitrug und deren eigene Akte von Freundlichkeit nicht, wie Wordsworth es formulierte, »durch Machtverlust erkauft« wurden. Im Zeitalter nach Darwin und Freud stehen uns zahlreiche Methoden als je zuvor zur Verfügung, unseren Argwohn gegenüber unseren eigenen Gefühlen der Wohltätigkeit und Mitmenschlichkeit zu formulieren – und eben auch unseren Argwohn gegenüber der Unschuld von Kindern. Dabei kommen wir um eine ganz entscheidende Tatsache nicht herum: Kinder verfügen über eine federleichte, selbstverständliche Freundlichkeit, die sie geradezu reflexartig am Wohl und Wehe anderer Menschen Anteil nehmen lässt, und diese Freundlichkeit geht nur allzu leicht verloren, wenn sie heranwachsen. Wenn dieser Verlust in größerem Ausmaß geschieht, ist er eine kulturelle Katastrophe.

Die Freundlichkeit des Kleinkinds entsteht unmittelbar nach der Geburt. Ein Säugling reagiert damit auf seine Abhängigkeit; er wendet sich seinen Eltern zu, damit diese sich ihm zuwenden und sich um ihn kümmern. Kindliche »Freundlichkeit« ist reines Wunschdenken, magisches Verbannen von all dem, was sich der elterlichen Sorge in den Weg stellen könnte. Diese magische Freundlichkeit scheitert, und ihr Scheitern löst das erste Trauma des Kindes aus, von dem es sich nie ganz erholen wird. Doch geht daraus dann auch die echte Freundlichkeit hervor, die es mit Feindseligkeit und Konflikten aufnehmen kann. Erst sie ermöglicht den Genuss wirklichen Austauschs und die Freude aneinander. »Schlechte« Eltern – Eltern, die sich mit magischem Wunschdenken gegen Ambivalenz und ihre eigene Angst davor zu schützen versuchen – können verhindern, dass sich diese authentische Freundlichkeit entwickelt. Eine Gesellschaft, die Freundlichkeit als Schwäche brandmarkt und Unfreundlichkeit belohnt, löst den gleichen Effekt aus. Echte Freundlichkeit ist kein magischer Trick, kein Zauberbann gegen jegliche hasserfüllte, aggressive Regung zugunsten einer selbstlosen Hingabe an den Nächsten. Vielmehr öffnen wir uns dem Mitmenschen so, dass wir selbst – um es mit Rousseau zu formulieren – »erweitert« und dadurch erst unserer zutiefst sozialen Natur gerecht werden.

Zahllose Menschen folgen dieser Argumentation nicht – zum einen, weil sie die psychoanalytische Deutung der Kindheit für falsch halten; zum andern, weil sie alle Formen der Freundlichkeit mit der magischen Variante gleichsetzen. Sie sind überzeugt, dass Menschen entweder gut oder schlecht sind; die Freundlichkeit guter Menschen – Nelson Mandela ist eines der beliebtesten Beispiele – macht diese zu gottähnlichen Wesen, zu Idealen, die von uns, den ichbezogenen gewöhnlichen Sterblichen, Welten entfernt sind. Die alltägliche, unsentimentale Freundlichkeit, wie sie hier thematisiert wurde, können sie sich nicht vorstellen – nicht in einem Alltag, in dem wettbewerbsorientiertes, an den je eigenen Gruppeninteressen ausgerichtetes Verhalten längst zur Norm geworden ist. Skeptiker seit Hobbes verweisen darauf, dass die Geschichte in aller Deutlichkeit die menschliche Habgier, Gewalttätigkeit und Selbstbezogenheit vor Augen führe. Dies zu leugnen wäre töricht. Aber vielleicht ist derjenige ein noch größerer Tor, der behauptet, es gebe *nur* diesen Egoismus und sonst nichts anderes, der also bestreitet, was jeder ahnt: dass die Gefühle von Verbundenheit und Austausch zu den größten Freuden gehören, die menschlichen Wesen zugänglich sind. David Humes gereizte Reaktion auf die Skepsis von Hobbes – dass dieser, indem er bestreite, dass Freundlichkeit möglich sei, »die Bewegungen seines Herzens vergessen« habe – trifft heute noch ebenso zu wie im Jahr 1741.

Der hartnäckigste Argwohn gegen Freundlichkeit aber beruht auf dem Argument, es handle sich lediglich um verschleierten Narzissmus. Wir seien, so heißt es, freundlich, weil es uns ein gutes Selbstgefühl verschafft; freundliche Leute seien süchtig nach Selbstbestätigung. Der Philosoph Francis Hutcheson fertigte dieses Argument in den 1730er Jahren kurzerhand mit den Worten ab: »Wenn es Selbstliebe ist – sei's drum. Es gibt nichts Besseres und Großmütigeres als diese Art der Selbstliebe.« Rousseau sagt in *Émile* in psychologisch etwas differenzierterer Weise dasselbe. Émiles Freundlichkeit ist eine Erweiterung seines *amour de soi* (seiner natürlichen Selbstliebe). Er »genießt seine *pitié*«, weil sie ein Ausdruck seiner Vitalität ist. Nur das Kind, das mit sich selbst im Reinen ist und sich seines Lebens freut, wird danach trachten, »sein Sein und seine Freuden« auf seine Mitmenschen auszudehnen. Im Porträt Émiles scheint deutlich auf, warum Freundlichkeit die von den Menschen am heftigsten geneidete Eigenschaft ist. Man geht üblicherweise davon aus, dass Erfolg, Geld und Ruhm der Grund dafür seien, andere Menschen zu beneiden, doch in Wahrheit ist es die Freundlichkeit, die den größten Neid hervorruft, denn sie spiegelt am zuverlässigsten wider, dass es einem Menschen gut geht und dass er sein Leben genießt.

Freundlichkeit ist kein kaschierter Egoismus. Die moderne postfreudianische Gesellschaft fügt diesem überkommenen Verdacht zwei Varianten hinzu: Freundlichkeit tarne Sexualität, und sie tarne Aggression, zwei Vorwürfe, die darauf hinauslaufen, Freundlichkeit auf einen verkappten Egoismus zu reduzieren. Freundlichkeit verführe zum Sex (»ich wende mich dir freundlich zu, um Sex und / oder Babys zu bekommen«) oder wehre ihn ab (»ich bin freundlich, damit du den Sex vergisst und wir gemeinsam etwas anderes machen können«) oder diene dazu, den Schaden auszugleichen, der durch Sex entstanden ist (»ich bin freundlich zu dir, um meine verwerflichen Begierden auszugleichen«). Andererseits beschwichtige Freundlichkeit Aggressionen (»ich empfinde dir gegenüber Gefühle von einer solchen Aggressivität, dass ich uns beide nur dadurch beschützen kann, dass ich mich freundlich gebe«) oder werde als Ausflucht eingesetzt (»meine Freundlichkeit wird dich auf Distanz zu mir halten«). »Man kann, wenn man in Ruhe gelassen werden will, immer freundlich sein«, sagt Maggie Verver zu ihrem Vater in dem Roman *Die goldene Schale* von Henry James.

All diese Interpretationen gehen davon aus, dass es uns nur um Selbstschutz geht; Freundlichkeit sei lediglich eine unserer zahlreichen Strategien, unsere isolierten, isolierenden Bedürfnisse zu befriedigen – ein radikal reduziertes Bild unserer Eigen- und Fremdinteressen. Trotz allem erfahren wir Freundlichkeit und wollen und können sie nicht aufgeben. Es ist höchst provozierend, dass wir Menschen dazu in der Lage sind, mitfühlendes Interesse füreinander zu empfinden; dass wir uns in durchaus wohltuender Weise in das Leiden unserer Mitmenschen einfühlen können. Ethisch ist Freundlichkeit in unserer Zeit zwar nützlich und durchaus effektiv, aber im Grunde entbehrlich: ein Überbleibsel aus vergangenen Zeiten oder nichts als religiöses Vokabular. Dennoch sehnen wir uns nach Freundlichkeit, Güte, Mitmenschlichkeit, Herzlichkeit und Wohlwollen. Wir ahnen, dass erst die unromantische Freundlichkeit uns die Art von Umgang mit Menschen erschließt, die wir fürchten und nach der wir uns gleichzeitig sehnen. Denn erst diese unromantische Freundlichkeit, wie wir sie hier vorgestellt haben, macht unsere ganze Lebendigkeit und Verwundbarkeit spürbar. Wir ahnen, dass erst diese Freundlichkeit das Leben lebenswert macht. Alles, was gegen sie unternommen wird, ist auch ein Angriff auf unsere Hoffnung.

Es ist sinnlos, Anderen vorzuschreiben, sie sollten freundlicher sein (obwohl es möglich ist, die Freuden der Freundlichkeit zu vermitteln sowie das Leid, das entsteht, wenn Mitmenschlichkeit und Freundlichkeit fehlen). Dem Genuss der Freundlichkeit kann sich jede und jeder in der Tat entziehen. Die eigene Fähigkeit oder der Trieb, freundlich zu sein, kann unbewusst von dem Anteil in uns sabotiert werden, der vor zu großer mitmenschlicher Nähe zurückschreckt. Freundlichkeit verkompliziert gewissermaßen besonders subtil und befriedigend die zwischen- und mitmenschlichen Beziehungen, und zwar aus einem ganz einfachen Grund: Wenn wir freundlich handeln, offenbaren wir unmissverständlich, dass wir verletzliche und abhängige Lebewesen sind, die keine ergiebigere Ressource haben als ihre Mitmenschen. Wenn Freundlichkeit früher religiös legitimiert oder auf Frauen und Kinder beschränkt wurde, dann geschah das, um diese Erkenntnis zu delegieren. Sie musste delegiert – sanktioniert, sakralisiert, idealisiert und sentimentalisiert – werden, weil sie einem Bereich in uns entspringt, der uns in höchstem Maße irritiert, dem Bereich nämlich, der weiß, wie viel Sicherheit und echte Bestätigung wir brauchen, um uns lebensfähig zu fühlen. Widerstand gegen Freundlichkeit ist Widerstand gegen das, was Freundlichkeit in uns wachruft und was wir in anderen Menschen wachrufen, wenn wir uns ihnen gegenüber freundlich verhalten. Und letztlich natürlich unser Widerstand gegen die *Grenzen* der Freundlichkeit.

Die Freuden der Freundlichkeit sind also nicht mit den Freuden moralischer Überlegenheit oder bevormundender Wohltätigkeit oder einem Erpressungsmittel für gute Gefühle zu verwechseln. Freundlichkeit, Güte, Mitmenschlichkeit und Wohlwollen entspringen keinem Willensakt, verlangen keine heroische Anstrengung oder moralische Höchstleistungen. Sie resultieren aus dem, was Freud – in einem anderen Zusammenhang – »Nacherziehung« nennt, die etwas, was man bereits fühlt und weiß, bewusst macht und erneuert. Und diese Nacherziehung, für die wir einen Baustein liefern, bedeutet auch, Freundlichkeit und Mitmenschlichkeit als Versuchung anzuerkennen, die wir im Alltag jederzeit und überall wahrnehmen können, der wir aber nur allzu oft widerstehen: keine Versuchung, uns selbst zu opfern, sondern uns mit anderen zusammenzuschließen;

keine Versuchung, unsere aggressiven Anteile zu leugnen oder zu ignorieren, sondern in der Freundlichkeit die Solidarität mit der menschlichen Bedürftigkeit zu erkennen, den äußerst paradoxen Eindruck, ohnmächtig und mächtig zu sein, den menschliche Bedürftigkeit hervorruft. Akte von Freundlichkeit nehmen uns in andere Formen von zwischenmenschlicher Auseinandersetzung hinein; unser Widerstand gegen solche Auseinandersetzungen lässt vermuten, dass wir an ihnen in höherem Maße interessiert sind, dass wir uns von ihnen mehr erwarten, als wir uns selbst zugestehen wollen.

Dank

Wir danken Judith Clark, Norma Clarke, Simon Prosser und Cortney Hodell für ihre ermutigende Begleitung und ihre hilfreichen Kommentare zu früheren Versionen dieses Buchs.

Anmerkungen

1 »Freund« konnte auch im Deutschen wie früher im Lateinischen im Sinn von »Verwandter« gebraucht werden. Vgl. Grimm Bd. 4, Sp. 162 (Anm. d. Ü.).
2 Dt. in: Von der Kinderheilkunde zur Psychoanalyse, München, Kindler, 1976.
3 Der Titel lautet im Englischen: »On the *Universal* Tendency to Debasement in the Sphere of Love«. Der im Original deutsche Begriff »*allgemeinst*« wurde zur Zeit der Entstehung des Textes im Sinn von »*allgemein menschlich*« verstanden (Anm. d. Ü.).

www.klett-cotta.de

Eric G. Wilson
Unglücklich glücklich
Von europäischer Melancholie
und American Happiness

198 Seiten, gebunden mit
Schutzumschlag,
ISBN 978-3-608-94113-5

Ein Plädoyer für die Melancholie

Wir glauben fest an die Macht des positiven Denkens.
Aber warum müssen wir eigentlich glücklich
sein? Eric G. Wilson hat eine fulminante Persiflage auf
American Happiness und ein aufwühlendes Lob für
die europäische Melancholie geschrieben!

»Dass viele Schätze der Literatur, Malerei und Musik
ohne Melancholie nicht entstanden wären, zeigt
Wilsons unterhaltsamer Streifzug durch die Kulturgeschichte. Ein psychologisch höchst anregendes Buch.«
emotion

Klett-Cotta

www.klett-cotta.de

Peter Winterhoff-Spurk
Unternehmen Babylon
Wie die Globalisierung die
Seele gefährdet

280 Seiten, gebunden mit
Schutzumschlag, ca. 12 s/w-Abb.
ISBN 978-3-608-94436-5

Die erste psychologische Betrachtung der Globalisierung und ihrer Wirkung auf den Einzelnen

Wie verändert sich die Psyche der Menschen in
Anbetracht einer sich rasant wandelnden Gesellschaft?
Als Folge der ökonomischen Globalisierung beobachten
wir zunehmende Bindungslosigkeit des Einzelnen,
gepaart mit stärker werdender Verunsicherung.

»Das Buch verdeutlicht auf überschaubare Weise, was ist
und was nötig ist.« *Deutschlandradio Kultur*

Klett-Cotta